凯里学院"光辉照耀苗乡侗寨：中国共产党民族政策在黔东南的实践（总论篇）"专项课题（项目号：GHZYMXDZ0001）结题成果

黔东南山乡巨变

总论篇

李　斌　编著

民族出版社

图书在版编目（CIP）数据

黔东南山乡巨变 . 总论篇 / 李斌编著 . -- 北京：

民族出版社 , 2024.8. -- (《黔东南山乡巨变》丛书 /

李斌主编). -- ISBN 978-7-105-17337-2

Ⅰ . D619.732

中国国家版本馆 CIP 数据核字第 2024DH7454 号

黔东南山乡巨变 · 总论篇
QIANDONGNAN SHANXIANG JUBIAN ZONGLUNPIAN

编　　著：李　斌
策划编辑：张义军
责任编辑：张义军
出版发行：民族出版社
网　　址：www.mzpub.com
地　　址：北京市东城区和平里北街 14 号
邮政编码：100013
印　　刷：北京盛通印刷股份有限公司
版　　次：2024 年 9 月第一版
印　　次：2024 年 9 月第一次印刷
开　　本：16 开
印　　张：10.25 印张
字　　数：206 千字
书　　号：ISBN 978-7-105-17337-2 / D · 3500(汉 561)
定　　价：54.00 元

黔东南苗族侗族自治州第一届全体委员合影（州委党史研究室／供图）

2006年庆祝建州50周年大会现场（州委党史研究室／供图）

黔东南综合性大学凯里学院新貌（凯里学院／供图）

大美凯里（时玲／摄）

高要晨曦（苗西明／摄）

西江千户苗寨（雷山县旅发委／供图）

西江苗寨（州民族博物馆／供图）

镇远古城（州民族博物馆／供图）

雷公坪（州民族博物馆／供图）

历史文化名城镇远龙舟赛吸引四方宾客（镇远县委宣传部／供图）

下司古城（州民族博物馆／供图）

丹寨万达小镇（州民族博物馆／供图）

凤园迷雾——乐寨高速桥（武啟超／摄）

加榜梯田（州民族博物馆／供图）

凯里环城高速清水江特大桥（敬南钦／摄）

三板溪电站库区
（杨胜屏／摄）

沪昆高速
(州民族博物馆／供图)

凯羊高速与厦蓉高速
交汇处（吴玉贵／摄）

雷山县下郎德公路（陈沛亮／摄）

凯里黄平机场通航（州民族博物馆／供图）

2007 年首届"中国
贵州凯里原生态民
族文化艺术节"
（王显扬／摄）

剑河原生态水鼓舞
（州民族博物馆／供图）

鼓藏节
（州民族博物馆／供图）

民族文化传承后继有人——小黄千人侗族大歌场景（袁刚／摄）

苗族团结舞（雷山县旅发委／供图）

雷山"苗年节"踩歌堂
（陈沛亮／摄）

黄平苗族银饰
（黄平县委办／供图）

世界上最后一个枪手部
落。图为从江岜沙枪手
鸣枪祭树（王顺红／摄）

总　序

中国是一个统一的多民族国家，在漫长的历史长河中，各民族密切交往、相互依存、交流融合、休戚与共，形成了中华民族多元一体格局，"辽阔的疆域是各民族共同开拓的""悠久的历史是各民族共同书写的""灿烂的文化是各民族共同创造的""伟大的精神是各民族共同培育的""一部中国史，就是一部各民族交融汇聚成多元一体中华民族的历史，就是各民族共同缔造、发展、巩固统一的伟大祖国的历史"。① 各民族共同推动了国家的繁荣发展和社会进步。

中国共产党历来十分重视民族和民族地区工作，在不同的历史时期，把马克思列宁主义的民族理论与中国的实际相结合，制定了一系列符合中国实际的民族工作路线、方针、政策，对发展各民族经济，繁荣各民族文化，起了十分重要的作用，是我们战胜各种困难和风险，推动建设有中国特色社会主义事业不断前进的重要保证。

党的十八大以来，以习近平同志为核心的党中央紧紧围绕坚持和发展中国特色社会主义，着眼于民族团结和繁荣发展两大主题，始终坚持人民利益至上的原则，高举民族团结伟大旗帜，把人民的根本利益作为党和国家一切工作的根本出发点和归宿。坚持和完善民族区域自治制度，做到统一和自治相结合、民族因素和区域因素相结合；坚持促进各民族交往交流交融，不断铸牢中华民族共同体意识；坚持加快少数民族和民族地区发展，不断满足各族群众对美好生活的向往。

黔东南苗族侗族自治州成立于 1956 年 7 月 23 日，现下辖凯里市和麻江、丹寨、黄平、施秉、镇远、岑巩、三穗、天柱、锦屏、黎平、从江、榕江、雷山、台江、剑河 15 个县，是一个苗、侗、汉等多民族聚居区，2020 年末常住人口

---

① 习近平：《在全国民族团结进步表彰大会上的讲话》，见国家民族事务委员会编：《铸牢中华民族共同体意识——全国民族团结进步表彰大会精神辅导读本》，4—6 页，北京，民族出版社，2021。

1

376.03 万人，户籍人口 488.65 万人，少数民族人口占总户籍人口的 81.7%，其中苗族人口占 43.4%，侗族人口占 30.5%。[1] 人口在万人以上的有水族、布依族、土家族、畲族、壮族、仡佬族、瑶族等世居少数民族。中华人民共和国成立 70 多年以来，黔东南苗族侗族自治州各族人民在中国共产党领导下，认真贯彻执行党的各项民族政策，各民族交往交流交融日益加深，像石榴籽一样紧紧抱在一起，和衷共济，和睦相处，和谐发展。2019 年 12 月，黔东南州成功创建"全国民族团结进步示范州"，经济、教育、文化、交通等各项事业取得了长足的进步和令人瞩目的成就，经济实力大幅跃升，生活水平极大改善，民族文化繁荣发展，黔东南州实现了历史性跨越。据《黔东南年鉴》统计数据，1949 年，黔东南州地区生产总值仅有 6288 万元；1955 年突破亿元，达到 10436 万元；1978 年达到 56026 万元；1984 年突破 10 亿元，达到 10.49 万元；2003 年突破 100 亿元，达到 1130771 万元；2012 年达到 4957500 万元；2018 年突破千亿元，达到 1036.62 亿元。城镇居民、农村居民可支配收入从 1950 年的 115 元、33 元，到 1978 年分别增加到 220 元、106 元，到 2008 年分别增加到 11616 元、2452 元，到 2018 年分别增加到 30130 元、9227 元。地方财政收入 1952 年时仅有 1275 万元，到 1978 年达到 4284 万元，2000 年达到 48192 万元，2008 年达到 137382 万元，2018 年达到 663781 万元。[2]2020 年，黔东南苗族侗族自治州各族人民在中国共产党的坚强领导下，打赢脱贫攻坚战，彻底撕掉千百年来的绝对贫困标签，与全国人民一道迈入全面小康。

凯里学院源于 1958 年创办的黔东南大学，校名几经更迭变迁，2006 年 2 月经教育部批准升格为普通本科院校。作为黔东南州的最高学府，凯里学院始终坚持"三性一型"（地方性、民族性、师范性，应用型）的办学定位，充分发挥高校"社会服务""文化传承创新"等基本职能，理应在黔东南地方经济社会发展和文化建设中贡献智慧和力量，有责任、有义务把中国共产党领导全州各族人民取得的历史性成就呈现出来。作为地方本科高校，凯里学院不仅在人才培养、科学研究上与地方接轨，而且在社会服务、文化传承创新上也与地方积极配合，发

① 黔东南州统计局、国家统计局黔东南调查队：《黔东南统计年鉴（2020）》（内部资料），7 页。
② 黔东南州统计局、国家统计局黔东南调查队：《黔东南统计年鉴 2018》（内部资料），403–405 页、414–416 页、402 页。

挥人才高地的作用。黔东南苗族侗族自治州民族文化浓郁，是国家级民族文化生态保护区，享有"生态之州""歌舞之州""人文之州""百节之乡""民间手工艺之乡""苗族侗族文化遗产保存核心地""迷人的民族文化生态博物馆"等诸多美誉。基于此，学校在专业、学科设置上，主动融入地方经济社会。2013年人类学（二级学科）被遴选为贵州省重点支持学科，2017年民族学（一级学科）被批准为贵州省重点学科，2018年民族学（一级学科）被遴选为贵州省区域内一流建设培育学科。根据贵州省级重点学科和贵州省区域内一流学科建设需要，结合黔东南州实际，学校决定出版《黔东南山乡巨变》丛书。丛书之所以用"山乡"命名，是因为它符合黔东南州地形地貌特点，全州地处云贵高原向湘桂丘陵盆地过渡地带，州境总体地势北、西、南三面高而东部低，中部雷公山区和南部月亮山为中山地带，西部和西北部为丘陵状低中山区，东部和东南部为低中山、低山、丘陵、盆地，境内大部分地区海拔500—1000米，是典型的山乡。丛书作者由凯里学院、黔东南州委党史研究室、黔东南州民族研究所等单位的专家学者组成。丛书共计17部，对全州及16个县市逐一进行介绍。丛书内容除历史底蕴和文化渊源部分外，其余部分的数据资料选取时间起于中华人民共和国成立，止于2018—2020年。丛书全面展示中华人民共和国成立后70多年黔东南州各族人民在中国共产党领导下，政治、经济、文化、教育、交通以及在脱贫攻坚等各个领域所取得的历史性成就，发生的历史性变革。丛书的出版，不仅总结了在中国共产党领导下黔东南州各民族取得的伟大成就，而且有利于增强文化认同、坚定文化自信，为铸牢中华民族共同体意识提供黔东南经验。

　　当然，我们也意识到，丛书主要是记录黔东南州经济社会发展的各个方面，内容的广度和深度以及理论上的研究还有待提高，学术性有待进一步加强，加之编著者的水平有差异，不足和疏漏在所难免。敬请各位读者海涵指正。

李　斌

2021年3月

目　录

第一章　黔东南的历史底蕴和共生文化

　　黔东南苗族侗族自治州（简称"黔东南州"）位于贵州省东南部，东与湖南省怀化市毗邻，南与广西壮族自治区柳州市、河池市接壤，西连贵州省黔南布依族苗族自治州，北抵贵州省遵义市、铜仁市，东西宽 220 公里，南北长 240 公里，总面积 30337.1 平方公里。黔东南州属亚热带湿润季风气候，冬无严寒，夏无酷暑，四季分明，雨水充沛，立体气候明显，年平均气温 14.6℃ ~ 18.5℃，年降雨量 1010.4 ~ 1367.5 毫米，年无霜期 273 ~ 327 天，相对湿度为 78% ~ 83%。黔东南州地处云贵高原向湘桂丘陵盆地过渡地带，州境总体地势北、西、南三面高而东部低。中部雷公山区和南部月亮山为中山地带，西部和西北部为丘陵状低中山区，东部和东南部为低中山、低山、丘陵、盆地。境内大部分地区海拔 500 ~ 1000 米。州境内有大小河流 983 条，其中流域面积 50 平方公里以上河流 225 条，以清水江、潕阳河、都柳江为主干，呈树枝状流布各地。

第一节　悠久的历史

　　黔东南州位于贵州省东南部，是贵州省最早的文化发祥地之一。在新石器时代，就有人类活动。据考古资料显示，在天柱县白市镇、远口镇等清水江下游台地发现 10 余处新石器时代至商周时期遗址，出土大量石制品和陶器。

一、明朝之前历史沿革

黔东南州历史悠久，春秋时分属牂牁国和楚国黔中地，战国时属夜郎国和且兰国。

秦统一中国后，在地方置郡县进行管辖，黔东南以清水江为分界，北部属黔中郡，南部属象郡。

牂牁郡，又写作牂柯郡，西汉元鼎六年（前111）置，治所故且兰（今贵州凯里西北），辖地包括贵州大部、云南东部和广西西北部，下领且兰等17县。武陵郡，西汉高祖（前206—前195）置，治所在义陵县（今湖南溆浦南），东汉移治临沅县（今湖南常德）。两汉时，施秉以东属荆州武陵郡无阳县境；锦屏、黎平属武陵郡坛城县地；黄平以西属益州牂牁郡且兰县范围；榕江、从江在交州郁林郡定周县北端，其疆界沿至三国和两晋时期。

迨至南朝，分荆州地，置别州，辖武陵郡，改无阳县为潕阳县。设置南牂牁郡，该郡东部辖至凯里。

隋统一南北，整建地方郡县，恢复牂牁郡。岑巩、三穗、榕江、从江以西地带属牂牁。天柱、锦屏、黎平以东地方属沅陵郡龙标县边陲。

唐贞观元年（627）二月，在地方改"郡"为"道"。三年（629），置应州、充州、亮州等羁縻州，四年改务州为思州，隶黔州道，今施秉以西属黔州道琐州，以东属岭南道边陲。开元二十一年（733），设黔中道，思州隶黔中道。五代后梁乾化四年（914），叙州刺史杨再思改叙州为诚州，辖今黎平、锦屏、天柱等地。

宋乾德元年（963），改"道"为"路"。夔州路辖有思、键等州；荆湖北路辖有今天柱、锦屏、黎平等地，治所设务川。崇宁二年（1103），改诚州为靖州。大观元年（1107）十二月，思州田恭祐臣服，复置思州，隶夔州路，下辖务川（今岑巩）、安夷（今镇远）、邛水（今三穗）三县。

元代改"路"为"省"，在地方设"行中书省"，简称行省，在民族地方实行土司制度。至元十四年（1277）三月，思州刺史田景贤归顺元朝，授安抚司。同年，置镇远沿边溪洞招讨使司，旋改总管府，隶顺元路宣慰司。至元十八年（1281）八月，升思州安抚司为宣慰司。至元二十年（1283），改镇远沿边溪洞总管府为镇远军民总管府，隶思州宣慰司。同年，置邛水万户总管府，杨氏为总管；讨平九溪十八洞，置古州八万总管府，杨氏为总管，隶思州宣慰司。二十一年（1284）闰五月，降思州宣慰司为思州军民安抚司，隶顺元路宣慰司。至元二十八年（1291），置黄平总管府。至正元年（1341），镇安县复为安彝县，寻改溪洞金容金达等处蛮夷军民长官司，隶思州军民宣慰司。至正二十五年（1365）六七月，思南田仁智、思州田仁厚先后归附朱元璋，献地称臣。

二、明清时期行政区划设置

明清时期，黔东南地区的行政机构设置有三种方式，一是直接建置，二是改军事机构为行政机构，三是改隶而来。

明代地方行政区划，在布政使司下，设有府州县。清初沿袭明制。雍正乾隆时期，厅制形成并推广，行政层级设置为省—府—县（厅州）三级制，府厅州县制度形成。今黔东南州主要涉及镇远、黎平、都匀、思州4府。

（一）镇远府

治所在今镇远县驻地㵲阳镇。明洪武五年（1372），改镇远府为镇远州，隶湖广思南宣慰使司。[①]明永乐十一年（1413），分思南宣慰司地置。设治于镇远州，以原思南宣慰司所领镇远州及镇远金容金达、邛水一十五洞、施秉、偏桥4长官司属府。正统三年（1438），镇远州并入镇远府。清初顺治年间，领镇远、施秉2县，偏桥、邛水2长官司。至清末，镇远府领镇远、施秉、天柱3县，黄平州，清江、台拱2厅。

镇远府亲辖地，即所辖偏桥、邛水等5土司之地。雍正十二年三月，添设县丞一员，分驻邛水司。

镇远县。治所在今镇远县驻地㵲阳镇。明洪武五年（1372），改为镇远金容金达杨溪公俄蛮夷长官司，隶镇远州。正统三年（1438），省州隶府。弘治十一年（1498），改设镇远县。清朝因之。康熙二十二年（1683），湖广镇远卫来属，省镇远卫入镇远县。[②]

施秉县。治所在今施秉县驻地城关镇。元至元年间，置偏桥蛮夷军民长官

---

① （明）沈庠：(弘治)《贵州图经新志》卷之五《镇远府》，58页，见《中国地方志集成·贵州府县志辑》，第1册，成都，巴蜀书社，2006年影印本。
② （清）蔡宗建：(乾隆)《镇远府志》卷四《建置沿革》，19页，郑州，中州古籍出版社，1996。

司，隶思州军民宣慰司。明洪武五年（1372），改设偏桥长官司；洪武二十三年（1390），置偏桥卫，隶湖广都司。正统九年（1444），改设施秉县，隶镇远府。万历二十七年（1599），以偏桥为偏沅巡抚驻地，康熙三年（1664）闰六月，移偏沅巡抚入湖南长沙府。康熙二十六年（1687）六月，湖广偏桥卫来属，省卫入施秉县，迁县治于偏桥卫城。①

天柱县。治所在今天柱县驻地凤城镇。明洪武三年（1370），置天柱卫。明洪武二十五年（1392）设天柱守御千户所，三十年（1397）设汶溪千户所。万历二十五年（1597）撤所建县，取名天柱县，属湖广靖州。崇祯十年（1637）更名龙塘县，清朝因之。顺治九年（1652），复名天柱县。雍正四年（1726）四月改隶贵州黎平府，十二年（1734）三月，定隶镇远府。②

黄平州。治所在今黄平县旧州镇。明洪武七年（1374）改府为安抚司，隶播州。洪武二十二年（1389），设兴隆卫，隶贵州都司。万历二十八年（1600）平定播州，废黄平安抚司，设黄平州。二十九年，黄平州隶平越府。康熙二十六年（1687），裁兴隆卫入州，移州治于卫城，即今黄平县驻地新州。嘉庆三年（1798）三月，平越府降为直隶州，黄平州来属。③

清江厅。治所在今剑河县柳川镇。雍正七年（1729）十二月，添设同知驻清江，为清江厅。雍正十二年（1734）三月，改设通判。

台拱厅。治所在今台江县驻地台拱镇。雍正十二年（1734）三月，将清江镇总兵、同知移驻台拱。

（二）黎平府

治所即今黎平县驻地德凤镇。明永乐十一年（1413），分思州宣慰司地置，设治于黎平千户所。宣德九年（1434）十一月，废新化府，以其地并入黎平府，"庚子，并贵州新化府入黎平府，以新化、湖耳、亮寨、欧阳、中林彦洞、龙里、赤溪南洞七蛮夷长官司皆隶黎平府，以地狭民稀故也。"④ 万历二十八年（1600），

---

① （清）蔡宗建：(乾隆)《镇远府志》卷四《建置沿革》，21 页，郑州，中州古籍出版社，1996。

② （清）蔡宗建：(乾隆)《镇远府志》卷四《建置沿革》，23 页，郑州，中州古籍出版社，1996。

③ 黄平县地方志编纂委员会：《黄平县志》，24-25 页，贵阳，贵州人民出版社，1993。

④ 《明宣宗实录》卷一百十四，宣德九年十一月二十七日。而道光《黎平府志》卷二《地理志》和光绪《黎平府志》卷二《地理志》均记载为宣德十年。

以黎平改隶湖广，万历三十一年（1603）仍隶贵州。[①] 清顺治年间，领永从 1 县，潭溪、八舟、龙里、中林、古州、新化、欧阳、亮寨、湖耳、洪州、赤溪、西山、曹滴 13 长官司。雍正四年（1726）四月，天柱县由湖南来属。雍正十二年三月，天柱县改属镇远府。至清末，黎平府领开泰、永从 2 县和古州、下江 2 厅。

黎平府亲辖地，包括潭溪正副、湖耳正副、洪州正副、欧阳正副、新化和亮寨、八舟、中林、龙里、古州、三郎等土司，各司辖苗寨多者七八十寨，少者一二十寨。另有亲辖之西山 28 寨，天甫、归弓等内外 6 洞。[②]

开泰县。治所即今黎平县驻地德凤镇。洪武十八年（1385），设五开卫。雍正三年（1725）四月，五开卫划归贵州，裁五开卫置开泰县。雍正十年，设开泰县丞，驻朗洞。道光十二年，兼辖锦屏乡。[③]

永从县。治所即今黎平县永从乡。明洪武中，改置福禄蛮夷永从长官司，后废。永乐中置，属贵州卫。宣德六年（1431），"以土官李瑛绝，改为永从县，置流官。"[④]

锦屏县。治所即今锦屏县铜鼓镇。雍正五年（1727）三月，以原铜鼓卫地置锦屏县。道光十二年（1832），降锦屏县为锦屏乡，由开泰县兼辖。

古州厅。治所即今榕江县驻地古州镇。雍正七年（1729）十二月，同知分驻古州，是为古州厅。

下江厅。治所即今从江县下江镇。乾隆三十五年（1770）六月，移贵阳府通判驻此，改隶黎平府，是为下江厅。

（三）都匀府

治所即今都匀市城区。元置都云军民府。明洪武十六年（1383），置都云安抚司，隶四川布政使司。二十三年，改安抚司为都匀卫。明弘治六年（1493），

---

① 黎平县志编纂委员会办公室：道光《黎平府志》（点校本）卷二《地理志》，255 页，北京，方志出版社，2014。而《清圣祖实录》卷二十（康熙五年十一月十一日丁亥）记载，"以湖广黎平府改隶贵州省"。具体情况待考。

② 傅林祥、林涓、任玉雪、王卫东：《中国行政区划通史·清代卷》，593 页，上海，复旦大学出版社，2013。

③ 黎平县志编纂委员会办公室：道光《黎平府志》（点校本）卷二《地理志》，254—257 页，北京，方志出版社，2014。

④ （清）爱必达、张凤孙等：（乾隆）《黔南识略》卷二十三《永从县》，489 页，见《中国地方志集成·贵州府县志辑》第 5 册，成都，巴蜀书社，2006 年影印本。

设都匀府，与都匀卫同城。^①清初顺治年间，领麻哈、独山 2 州和清平县，凯里安抚司，都匀正、都匀副、夭坝、平定、乐平等 11 长官司。雍正十年（1732）四月，广西庆远府荔波县来属。至清末，领都匀、清平、荔波 3 县，麻哈、独山 2 州，八寨、丹江、都江 3 厅。^②

清平县。治所即今凯里市炉山镇。明洪武中置清平堡，二十三年（1390）改为卫，隶四川布政使司。永乐十七年（1419）改隶贵州布政使司。弘治八年（1495），革清平长官司为县，与卫同城，隶都匀府。康熙七年（1668）七月，裁清平县；十一年（1672）复置县，裁清平卫入县；康熙十一年，革凯里安抚司，并入县。雍正十二年（1734），设县丞，分驻凯里。乾隆二年（1737），镇远县之臻洞司来属。^③

麻哈州。治所即今麻江县驻地杏山镇。明洪武十六年（1383），置麻哈长官司，属平越卫。弘治七年（1494），升为州，属都匀府。^④康熙七年（1668）七月，裁清平县，地入麻哈州。

八寨厅。治所即今丹寨县龙泉镇。雍正七年（1729）十二月，设同知分驻八寨，是为八寨厅。

丹江厅。治所即今雷山县驻地丹江镇老丹江，咸丰五年（1855）毁，光绪二年（1876）于肇泰堡重建，即今县驻地。雍正七年（1729）十二月，设通判分驻丹江，是为丹江厅。

（四）思州府

明永乐十一年（1413），以思州亲辖地都坪峨异溪、都素蛮夷长官司，黄道溪、施溪长官司地置思州府，设治于都坪峨异溪（岑巩），隶贵州布政司。隆庆四年（1570）三月，迁府治于平溪卫（玉屏）。万历二十五年（1597）还府治于都坪峨异溪。清顺治十五年，沿明制，领都平、黄道、都素、施溪 4 长官司。雍正四年（1726）四月，湖南平溪、清浪二卫地距湖南省辽远，与思州府接壤，改

---

① （明）沈庠：(弘治)《贵州图经新志》卷之八《都匀府》，93 页，见《中国地方志集成·贵州府县志辑》，第 1 册，成都，巴蜀书社，2006 年影印本。
② （清）爱必达、张凤孙等：(乾隆)《黔南识略》卷八《都匀府》，403 页，见《中国地方志集成·贵州府县志辑》第 5 册，成都，巴蜀书社，2006 年影印本。
③ 光绪版《重刊清平县志》卷一，页三十。
④ （清）爱必达、张凤孙等：(乾隆)《黔南识略》卷十《麻哈州》，413 页、489 页，见《中国地方志集成·贵州府县志辑》第 5 册，成都，巴蜀书社，2006 年影印本。

属贵州省。① 雍正五年（1727）二月，决定由思州府管辖，闰三月，改平溪卫为玉屏县，改清浪卫为青溪县，隶思州府。乾隆三年（1738），思州府隶古州道。乾隆三十五年（1770）九月，因思州府地非苗疆，又不繁剧，议决裁撤，拟将玉屏县划属铜仁府，清溪县划归镇远府。② 乾隆三十六年（1771）五月，因思州府僻处边圉，与内地府制有异，仍予保留。③ 宣统三年（1911），思州府领青溪、玉屏 2 县和 4 长官司。

思州府亲辖地，包括府城及都坪峨异溪、都素、黄道溪、施溪 4 土司之地。

清溪县，雍正五年（1727）闰三月改清浪卫置，治所即今镇远县清溪镇。

三、土司设置及"改土归流"

（一）土司设置

土司制度是由羁縻政策发展来的，"所谓土司制度，就是利用当地各族头领或权威人士，授以大小不等的官号，并列入朝廷行政序列的一种特殊统治形式。"④ 明代之前，历朝朝廷在清水江流域多实行"以土官治土民"的"羁縻"政策。黔东南的羁縻源于何时，没有具体文献记载。相传最早可以追溯到三国时期的诸葛亮，据《黎平府志》记载："各司图册，自汉以功授职者多，盖武侯南征，欲为羁縻之计，有能招抚彝众率土归诚者，即授以长官之职。"⑤

元代实行土司制度。至元十四年（1277），置思州安抚司，隶湖广，旋改宣抚司、宣慰司。至正年间，分置思州、思南。据《元史》记载，在思州军民安抚司下设有镇远府、古州八万洞、亮寨、曹滴等洞、中古州乐墩洞、上里坪、洪州泊李等洞，播州军民安抚司下设黄平府等。⑥

明朝承袭元朝的土司制度，在贵州的四大宣慰司中，有思州、思南和播州三宣慰司管理清水江流域地区。宣慰司又下分设若干安抚司、长官司、蛮夷长官司，族属各不相同。明洪武初年，思州宣慰司田仁智、思南宣慰司田仁厚先后归

① 《世宗实录》卷 43 雍正四年四月戊寅，《清实录》第 7 册第 633 页。
② 《高宗实录》卷 868 乾隆三十五年九月庚辰，《清实录》第 19 册第 640 页。
③ 《高宗实录》卷 885 乾隆三十六年五月巳巳，《清实录》第 19 册第 864 页。
④ 白钢：《中国政治制度通史》第 10 卷《清代》，253 页，北京，人民出版社，1996。
⑤ （清）俞渭修、陈瑜：(光绪)《黎平府志》卷六下，70 页，见《中国地方志集成·贵州府县志辑》第 18 册，成都，巴蜀书社，2006 年影印本。
⑥ （明）宋濂：《元史·志第十五·地理六》，1546—1551 页，北京，中华书局，1976。

附明朝，其下属也纷纷归附，于是八舟、潭溪、洪州泊里、福禄永从、曹滴洞、古州、新化、欧阳、湖耳、亮寨等长官司也先后归附明朝。除此之外还增设了龙里、赤溪楠洞、西山阳洞、中林验洞4个长官司。播州宣慰司辖地甚广，包括今黔东南的凯里、黄平等地；思州宣慰司管辖20个长官司，其地在今黔东南的岑巩、黎平、锦屏、从江、榕江等地；思南宣慰司管辖17个长官司，其地在今黔东南的三穗、镇远、施秉等地。明初在此二宣慰司辖区内建有镇远、清浪、偏桥、五开、铜鼓等卫，卫所与土司犬牙交错。洪武五年（1372）古州八万洞蛮"梗化作乱"，洪武十一年（1378）爆发黎平吴勉起义，洪武三十年（1397）爆发婆洞林宽起义。尤其是吴勉起义，黎平有12处长官司一齐响应，席卷"八洞"地区，从而导致长官司被尽废。直到永乐元年（1403）正月，朝廷开始招抚流民返乡，鼓励流民重建家园，故复设古州、龙里、欧阳、湖耳、中林验洞、八舟、漕滴洞、潭溪、福禄永从、洪州泊里、亮寨、新化、赤溪湳洞、西山阳洞14蛮夷长官司，俱隶贵州。至嘉靖三十六年（1557），以古州长官司地分设三郎司。

清顺治五年（1648），中央王朝对包括黔东南地区在内的少数民族进行招降，投诚归附的土司，一般准其承袭原职，"凡未归顺，今来投诚者，开具原管地方部落，准予照旧袭封"[1]。黔东南地区土司纷纷顺应潮流，向朝廷投诚。

（二）从"改土归流"到"土流并治"

明永乐年间，通过改土归流，贵州建省，黔东南地区设府建县；清雍正年间，通过设置"新疆六厅"，进一步加强了对整个黔东南地区的直接控制。

1.明代"改土归流"

第一次"改土归流"。明代改土归流有2次，第一次直接导致贵州建省。永乐十一年（1413）二月，思州宣慰使田琛与思南宣慰使田宗鼎因争砂坑事构兵相攻，朝廷命镇远侯顾成率兵弹压，永乐帝将思州、思南宣慰司废革，改设八府，贵州由此建省，朝廷派流官管理。析思州宣慰司辖地设思州、镇远、新化、黎平四府，析思南宣慰司辖地置思南、石阡、铜仁、乌罗四府，其中黎平、新化两府各领7处长官司。宣德十年（1435）撤新化府并入黎平府，14长官司统归黎平府。

---

① 《清世祖实录》卷四十一，顺治五年十一月辛未条。

明代第二次"改土归流"①。据《明史》记载：洪武十五年（1382），置麻哈长官司，弘治七年（1494）五月升为麻哈州，属都匀府；洪武二十二年（1389），置清平长官司，弘治七年（1494）五月改为清平县，属麻哈州。洪武七年（1374），置黄平安抚司，万历二十九年（1601）四月改为州，属平越军民府。元朝设置福禄永从军民长官司，洪武中改置福禄永从蛮夷长官司，后废；永乐元年（1403）正月复置；明英宗正统七年（1442），废福禄永从长官司设永从县，隶黎平府，"正统七年，福禄永从长官李英卒，无后，族人争立，因以其地为永从县治"。②洪武二年（1369），置镇远溪洞金容金达蛮夷长官司，弘治七年（1494）十月改为镇远县，隶镇远府。洪武五年（1372），置施秉蛮夷长官司，正统九年（1444）七月改为施秉县，隶镇远府。

2.清代"改土归流"

清初"改土归流"。清初，朝廷实行"改土归流"政策，黔东南地区有的长官司因谋反或者参与"三藩之乱"（1673—1681）而被撤废。顺治十七年（1660），曹滴洞土司杨华如招纳亡命陈洪金等"谋乱，伏诛，以天甫归府，余归经历司。"③康熙二十三年（1684），废赤溪湳洞司；同年，"何新瑞叛，擒获诛之，并从助逆之西山土司韦有能以其地归永从县，遂废西山阳洞司。"④康熙二十三年，三郎司改土归流。康熙四十五年（1706），凯里土司杨氏"以土酋大恶案内改土归流，入清平县。"⑤

设立"新疆六厅"。清雍正年间"改土归流"其目的是"为剪除夷官，清丈田土，以增租赋，以靖地方"，既可削弱土司的势力，又可增强流官统治，增加赋税收入。云贵总督鄂尔泰在《全定古州苗疆疏》中，认为"古州苗疆全定，都江河道开通""新辟之古州，地方辽阔，延袤几三千余里，民苗稠密，聚处

① 据《明史》卷四十六《志二十二·地理七·贵州》记载了黔东南地区改土归流的具体情况，具体见《二十四史贵州史料辑录》第533—539页。
② （清）俞渭修、陈瑜：(光绪)《黎平府志》卷二《地理志》上，56页，见《中国地方志集成·贵州府县志辑》第18册，成都，巴蜀书社，2006年影印本。
③ （清）俞渭修、陈瑜：(光绪)《黎平府志》卷二《地理志》上，56页，见《中国地方志集成·贵州府县志辑》第18册，成都，巴蜀书社，2006年影印本。
④ （清）俞渭修、陈瑜：(光绪)《黎平府志》卷二《地理志》上，56页，见《中国地方志集成·贵州府县志辑》第18册，成都，巴蜀书社，2006年影印本。
⑤ 赵尔巽：《清史稿》卷五百十五《列传三百二·土司四·贵州》，具体见《二十四史贵州史料辑录》第999页、995页。

一千三百余寨，诸葛营既控其中，群苗砦复环其外，左有清江，北既可达楚城，右有都江，南亦连接粤境。向因顽苗盘踞各寨巢穴，弃诸上游之界外"。①鄂尔泰在《剿抚生苗情形疏》中，认为："其种类蔓延，巢穴险僻，非但舆图所不载，并亦省志所未详，为害边氓，从来已久……惟下游之黎平、镇远、都匀、凯里等处生苗盘踞于黔、楚、粤三省接壤之间，阻隔道途，难通声教，仍然夜郎自大，肆意横行，地方官从不敢过问"。②因此，应该加以剿抚。

具体而言，战争进程分为三个阶段：

第一阶段。雍正六年（1728）六月，由黎平知府升任贵州按察使的张广泗出兵征讨八寨苗，这是武力开辟黔东南"苗疆"之始。起因在于："八寨为都匀要隘，丹江、清江、古州之咽喉，窟穴其中者为黑苗，往者半隶夭坝土司。自将土司戕害后，虽改属都匀府，而流、土俱不受制，与化外无殊……欲靖苗疆，宜从八寨始。"③六月，首先开始征讨。因征剿有功，张广泗被升任贵州巡抚。至十月，"八寨遂平"，并"议攻丹江"。"丹江外接八寨，内与清江、古州犬牙相错。生苗盘踞其中者为桃绕四十余寨，名大丹江。大丹江之右有乌叠二十余寨，为大丹江藩篱者名小丹江。大丹江左有鸡讲十余寨，近九股，凶顽尤甚"。十一月，张广泗"进军"，十二月，"官军下大、小丹江"，苗拜、克猛、长寨、古羊等"生苗"145寨"内附"。④

雍正七年（1729）三月，出兵征剿清江苗，"清江亦黑苗境也，以上、下九股为门户，丹江、八寨为藩篱，与施秉旧县接壤……上通重安以达都匀，下通黔阳以会朗水"。⑤五月，"官军攻下公鹅寨，清江平。"同年七月，巡抚张广泗进兵古州；十一月，清江苗鸡呼党诸寨复叛，清朝再次用兵，"清江诸苗寨悉平，

---

① （清）俞渭修、陈瑜：（光绪）《黎平府志》卷五《武备志》上，533页，见《中国地方志集成·贵州府县志辑》第18册，成都，巴蜀书社，2006年影印本。
② （清）俞渭修、陈瑜：（光绪）《黎平府志》卷五《武备志》上，528页，见《中国地方志集成·贵州府县志辑》第18册，成都，巴蜀书社，2006年影印本。
③ 贵州省文史馆校勘：（民国）《贵州通志·前事志十九》第三册，201～202页，贵阳，贵州人民出版社，1988。
④ 贵州省文史馆校勘：（民国）《贵州通志·前事志十九》第三册，206～208页，贵阳，贵州人民出版社，1988。
⑤ （清）胡章：（乾隆）《清江志》卷六《武备志·师旅考》，466页，见《中国地方志集成·贵州府县志辑》第22册，成都，巴蜀书社，2006年影印本。

以公鹅寨据清江形胜，就其地建城设官，隶镇远府。"①十二月，总督鄂尔泰奏新疆善后事宜，"设文员分驻"，其中增都匀府同知驻八寨，通判驻丹江，镇远府同知驻清江，黎平府同知驻古州，"俱加理苗同知"字样。②

第二阶段。雍正八年（1730）征剿古州来牛、定旦诸苗寨，以开通都柳江。正月，清军分兵左右两路，进攻定旦寨，夺其土城。二月，向来牛一带进攻，"尽毁巢穴"。三月，古州来牛、定旦一带平定。六月，古州三保苗又起而反抗，清军进剿，"因势招抚者百余寨，三保苗皆平。"八月，"来牛、定旦复叛，摆调、方胜悍苗数十寨附之。"清军进讨，"伐山通道，直逼其巢，力战破之。"雍正九年（1731），清军继续用兵，讨平上江、下江。

第三阶段。雍正十年（1733），战事又起，主要征讨台拱一带的九股苗。"近丹江者曰上九股，近施秉者曰下九股，寨密人众，土沃性悍。"九月，九股苗以议榔的形式，"遂传木刻，口牛誓众"，进攻官军大营。十二月，提督哈元生总统湖广、广西、贵州官兵"会剿"九股苗。翌年三月，官兵分六路进攻，"破其屯""高坡平"，"九股各苗"被迫投诚。于是，建城设官，以同知驻台拱，隶镇远府。

自雍正六年（1728）始，至十一年（1732）结束，历时5年，经过大小战争30多次，动用湖南、湖北、广东、广西、云南、四川、贵州等7省兵力数十万，经过"讨伐"和反复"进剿"，先后在苗疆腹地设置"六厅"，即八寨厅（今黔东南州丹寨县）、丹江厅（今黔东南州雷山县）、都江厅（今黔南州三都县）隶都匀府、古州厅（今黔东南州榕江县）隶黎平府、清江厅（今黔东南州剑河县）、台拱厅（今黔东南州台江县）隶镇远府，总称"新疆六厅"或"新设六厅"。六厅的设置，标志着自此把"生苗"苗疆纳入清王朝的直接管辖之下。③

四、民国时期行政区划设置

民国元年（1912）一月，清代贵东道废。三月，各府、厅、州、县反正结束，

① 贵州省文史馆校勘：(民国)《贵州通志·前事志十九》第三册，215页，贵阳，贵州人民出版社，1988。
② 贵州省文史馆校勘：(民国)《贵州通志·前事志十九》第三册，217页，贵阳，贵州人民出版社，1988。
③ 详见（清）鄂尔泰等修、靖道谟、杜诠纂：(乾隆)《贵州通志》卷二十四《师旅考》，474—485页，见《中国地方志集成·贵州府县志辑》第4册，成都，巴蜀书社，2006年影印本。

成立"大汉军政分府",直隶"大汉贵州军政府"管辖。

民国二年(1913)九月,贵州省实施《国民政府划一地方行政建制》方案,分全省为黔东、黔中、黔西三道,以黔东道驻镇远,下辖镇远、施秉、台拱、清江、邛水、锦屏、黎平、永从、下江、青溪、思县、玉屏、铜仁、松桃、后坪、省溪、江口、石阡、思南、凤泉、印江、沿河、德江、务川等县。黔中道辖今黔东南炉山、黄平、八寨、丹江等县。同期,改府、厅、州为县。民国二年(1913)九月,大汉贵州军政府根据北京政府《划一现行各省地方行政官厅组织令》,改思州府为思县,领原府亲辖地。民国十二年(1923),废黔东等道,各县直属于省。民国十九年(1930),因城西有岑巩山,更名为岑巩县。

民国二十四年(1935)六月,贵州施行《行政督察专员条例》,全省成立10个行政督察区。其中,第八行政督察区专员公署驻镇远,辖镇远、施秉、黄平、台拱、三穗、青溪、岑巩7县。次年,改第八行政督察区为第七行政督察区,专员公署仍驻镇远,辖县增加锦屏、剑河、天柱3县。撤销胜秉、旧州、柳雾、远口分县,分别并入施秉、黄平、剑河、天柱县。二十六年(1937)十一月,改第七行政督察为第一行政督察区,辖镇远、施秉、黄平、余庆、三穗、青溪、岑巩、台拱、剑河、锦屏、天柱11县。民国三十年八月,全省再度调整行政督察区,镇远仍为第一行政督察区,辖县增加思南、铜仁、松桃、沿河、石阡、玉屏、印江、江口8县。三十二年三月,从第一行政督察区划出思南、铜仁、松桃、沿河、石仟,玉屏、印江、江口8县,设第六行政督察区,专员公署驻铜仁。从省直属区拨入炉山县隶镇远行政督察区。三十六年六月,调整行政督察区,第一行政督察区驻镇远,辖镇远、炉山、黄平、施秉、三穗、岑巩、天柱、锦屏、台江、剑河县及雷山设治局(次年九月改为雷山县)。

民国二十四年(1935)六月,成立第十行政督察区专员公署,驻黎平,辖黎平、锦屏、天柱、剑河、永从、下江、榕江县。次年,废第十行政督察区,其辖县锦屏、天柱、剑河改隶第七行政督察区(驻镇远),黎平、永从、下江、榕江改隶第八行政督察区(驻独山)。撤销洪州、丙妹、朗洞分县,分别并入黎平、永从、榕江县。

五、中华人民共和国行政区划设置

1949年10月1日，中华人民共和国成立。11月4日，天柱解放。8日，镇远解放。11月11日，成立贵州省镇远专区，辖炉山、黄平、施秉、镇远、余庆、雷山、台江、剑河、锦屏、天柱、岑巩、三穗12个县，黎平、从江、榕江、丹寨、麻江5县属独山专区（1952年改为都匀专区）。1956年4月13日，中央人民政府国务院第二十七次会议通过《关于设置贵州省黔东南苗族侗族自治州和黔南布依族苗族自治州的决定》。4月18日，国务院以（56）国设司字第30号文件批复，撤销镇远、都匀专区。余庆县划归遵义专区，划麻江、丹寨、榕江、从江、黎平归黔东南。7月，原镇远专区的镇远、三穗、岑巩、天柱、锦屏、黄平、施秉、剑河、炉山、雷山、台江县和原都匀专区的黎平、从江、榕江、麻江、丹寨县成立黔东南苗族侗族自治州，州府定在炉山县凯里。

1958年12月29日，黔东南苗族侗族自治州人民委员会迁驻凯里。同月，调整州内行政区划，撤丹寨县、雷山县、麻江县、炉山县，以4县区域建凯里县，治凯里，天柱县并入锦屏县，台江县并入剑河县，从江县并入榕江县，施秉县并入黄平县，岑巩县、三穗县并入镇远县，自治州辖凯里、黄平、镇远、剑河、锦屏、黎平、榕江7县。

1961年8月18日，恢复天柱、从江、雷山、岑巩、麻江县建制。1962年6—11月，先后恢复施秉、三穗、台江、丹寨县建制，自治州仍辖16县。

1983年8月19日，经国务院批准，撤销凯里县设立凯里市，以原凯里县的行政区域为凯里市的行政区域。至2020年12月，黔东南苗族侗族自治州辖凯里市和丹寨、麻江、雷山、榕江、从江、黎平、锦屏、天柱、三穗、岑巩、镇远、施秉、黄平、台江、剑河15县。

第二节　多民族聚居的共同家园

在黔东南这块美丽富饶的土地上，生活着苗族、侗族、汉族、水族、布依族、土家族、畲族、仫佬族、瑶族、壮族、仡佬族、彝族等世居民族，少数民族占总人口的绝大多数，其中又以苗族、侗族人口居多。

一、民族与人口

黔东南州少数民族人口比例一直比较高，但民族人口的构成比例各个时期略有不同。

2020 年末，全州户籍人口 488.65 万人，比上年末增加 3.91 万人。汉族人口 89.41 万人，少数民族人口 399.24 万人，其中苗族人口 212.21 万人，侗族 149.04 万人，水族 7.91 万人，布依族 4.93 万人，其他少数民族 25.15 万人。

表 1-1 黔东南州历年民族人口统计表

单位：万人、%

年份	户籍总人口	汉族	少数民族	苗族	侗族	水族	布依族	其他民族	少数民族人口占总人口
1953	180.42	58.05	122.37						67.83
1956	191.26	69.01	122.25	67.74	43.58	1.60	2.68	6.65	63.92
1958	197.39	64.88	132.51	73.08	47.46	1.79		10.18	67.13
1964	199.12	70.58	128.54	75.28	46.84	2.26	0	4.15	64.55
1974	280.34	100.78	179.56	99.18	64.63	3.21	0	12.55	64.05
1979	309.71	108.66	201.05	110.91	71.02	3.78	1.61	13.72	64.92
1980	314.71	108.26	206.45	115.46	71.87	3.81	1.67	13.64	65.6
1982	327.25	108.88	218.37	120.91	77.48			19.98	66.73
1985	340.42	101.39	239.03	128.22	88.09			22.72	70.22
1990	368.03	94.47	273.56	143.00	104.71			25.85	74.33
1995	385.76	96.83	289.93	151.12	110.74			28.07	75.16
1997	393.81	96.53	297.28	155.52	113.43	5.86	3.85	18.62	75.49
2000	422.49	81.10	341.39	168.67	123.21	6.71	4.41	38.39	80.80
2005	441.72	80.08	361.63	185.90	140.71	7.28	4.68	23.06	81.87
2010	422.49		341.39						77.15
2016	477.43	94.10	383.33	203.55	143.86	7.73	4.77	23.41	80.3
2017	475.99	89.86	386.14	204.80	144.65	7.62	4.76	24.30	81.1

年份	户籍总人口	汉族	少数民族	苗族	侗族	水族	布依族	其他民族	少数民族人口占总人口
2018	481.19	89.77	391.42	207.95	146.32	7.74	4.82	24.60	81.3
2019	484.73	89.63	395.10	210.03	147.55	7.81	4.87	24.84	81.5
2020	488.65	89.41	399.24	212.21	149.04	7.93	4.93	25.15	81.7

资料来源：根据《黔东南苗族侗族自治州志（1985—2010）》（黔东南苗族侗族自治州地方志编纂委员会编：第一册，方志出版社 2014 年版，第 115 页）和《黔东南统计年鉴》（黔东南州统计局、国家统计局黔东南调查队编，2005 年第 58 页、2016 年第 55 页、2017 年第 55 页、2018 年第 53 页、2019 年第 46 页、2020 年第 65 页）统计制作。

二、苗族人口及分布

黔东南苗族侗族自治州是全国苗族最大聚居区，各县市都有苗族聚居。凯里市分布在市区四个街道办事处和所有的乡镇；黄平县分布在全县 14 个乡镇；剑河县在全县 11 个乡镇均有分布，主要居住在革东、柳川、岑松、久仰等乡镇；台江县分布在全县 8 个乡镇 300 余个自然村寨；丹寨县在全县 7 个乡镇都有聚居的村寨；从江县各乡镇都有散居，主要聚居在加鸠、光辉、加勉、东郎、停洞等乡镇；雷山全县 9 个乡镇都有分布；天柱县主要聚居在白市、远口、竹林、坌处等乡镇；榕江县各乡镇均有分布，主要聚居在八开、计划、朗洞、两汪、兴华等乡镇；锦屏各乡镇均有分布，主要聚居在钟灵、茅坪、偶里等乡镇；施秉全县 8 个乡镇均有分布，主要居住在城关、大桥、新桥、双井等乡镇；黎平散居在全县 15 个乡镇，聚居在雷洞等乡镇；麻江全县都有散居，主要聚居在杏山、碧波、下司、宣威等乡镇；三穗全县 9 个乡镇都有分布，主要聚居在良上、台烈等乡镇；镇远县主要分布在金堡、涌溪、报京、㵲阳等乡镇；岑巩县散居在全县各个乡镇，集中居住在注溪等乡镇。

1953 年第一次人口普查，苗族总人口为 696498 人，占全州总人口的 38.6%。1964 年第二次人口普查，苗族总人口为 752833 人，占全州总人口的 38.48%。1982 年第三次人口普查，苗族总人口为 1200177 人，占全州总人口的 37.07%。到 1990 年第四次人口普查，苗族总人口 1458912 人，占全州总人口的

39.72%。① 2005 年年报统计（2000 年后统计分析部门主要分析常住人口，个别年份有户籍人口统计分析故以 2005 年统计），黔东南州苗族总人口 185.9 万人，占全州总人口的 41.8%，全州 209 个乡镇和街道办事处都有苗族居住。②2011 年，苗族人口 193.46 万人，占总人口的 42.22%。2012 年，苗族人口 193.85 万人，占总人口的 42.21%。2013 年，苗族人口 196.49 万人，占总人口的 42.40%。2014 年，苗族人口 197.79 万人，占总人口的 42.42%。2015 年，苗族人口 202.22 万人，占总人口的 42.70%。2016 年，苗族人口 203.55 万人，占总人口的 42.5%。2017 年，苗族人口全州占总人口的 43.0%。2018 年，苗族人口 207.95，占总人口的 43.22%。2019 年，苗族人口 210.03 万人，占总人口的 43.3%。2020 年，苗族人口 212.21 万人，占总人口的 43.4%。

表 1-2 黔东南州苗族人口分布统计表

单位：万人、%

年份 县市	1990	2005	2011	2016	2017	2018	2019	2020
凯里市	24.01	29.09	29.17	37.29	37.27	37.59	37.95	38.32
黄平县	16.09	20.86	14.82	22.74	23.28	23.50	23.63	23.80
剑河县	10.21	14.72	11.43	17.70	17.53	17.80	17.99	26.23
台江县	13.49	14.02	10.42	16.29	16.12	16.35	16.52	16.67
丹寨县	10.58	13.07	9.30	13.61	13.77	13.94	14.01	14.13
从江县	10.95	13.98	12.69	16.34	16.53	17.21	17.60	17.95
雷山县	10.44	12.79	9.71	13.40	13.62	13.74	13.80	13.91
天柱县	10.92	12.7	7.69	13.16	13.19	13.29	13.34	13.39
榕江县	7.57	10.81	9.03	11.52	11.48	11.84	12.05	12.25
锦屏县	6.9	9.43	5.97	8.90	9.01	9.11	9.18	9.27
施秉县	6.1	8.14	6.04	9.04	9.12	9.26	9.34	9.45
黎平县	6.33	8.47	5.86	8.71	8.98	9.18	9.33	9.48
麻江县	5.74	7.59	5.45	4.90	4.84	4.90	4.94	5

---

① 黔东南苗族侗族自治州地方志编纂委员会编：《黔东南州志·民族志》，12 页，贵阳，贵州人民出版社，2000。

② 黔东南苗族侗族自治州地方志编纂委员会编：《黔东南苗族侗族自治州志》(1985—2010)，第一册，121 页，方志出版社，2014。

年份 县市	1990	2005	2011	2016	2017	2018	2019	2020
三穗县	3.35	4.66	3.08	4.96	5.77	5.16	5.19	5.25
镇远县	2.00	2.91	1.98	3.02	3.06	3.11	3.13	3.16
岑巩县	1.09	1.88	1.17	1.94	1.92	1.96	1.98	2.02

资料来源：根据《黔东南苗族侗族自治州志》（1985—2010）（黔东南苗族侗族自治州地方志编纂委员会编，第一册，方志出版社 2014 年版，第 121 页）、《黔东南州志·民族志》（黔东南苗族侗族自治州地方志编纂委员会编，贵州人民出版社 2000 年版，第 11—12 页）、《黔东南统计年鉴》（黔东南州统计局、国家统计局黔东南调查队编，2011 年第 52 页、2016 年、2017 年第 55 页、2018 年第 53 页、2019 年第 46 页、2020 年第 65 页）统计制作。

三、侗族人口及分布

黔东南苗族侗族自治州是全国侗族聚居区之一。黎平侗族分布在全县 26 个乡镇，天柱侗族分布在全县 16 个乡镇，从江侗族分布在丙妹、高增、谷平、贯洞、洛香、庆云、下江、宰便、西山、斗里、往洞等乡镇，榕江侗族主要分布在古州、忠诚、平永、平江、仁里、寨蒿、崇义、栽麻、乐里、平阳、八开、朗洞、三江等乡镇，锦屏侗族主要分布在三江、茅坪、敦寨、启蒙、平秋、平略、铜鼓、大同、隆里、新化、固本、河口、彦洞等乡镇，三穗侗族主要分布在八弓、台烈、瓦寨、桐林、雪洞、滚马、长吉、款场、良上等乡镇，镇远侗族分布在𣲙阳、蕉溪、青溪、羊坪、报京等乡镇，剑河侗族分布在柳川、南明、敏洞、磻溪等乡镇，岑巩县分布在城关、羊桥等乡镇。此外，凯里市、雷山、施秉、黄平等县有少量侗族分布。

1953 年第一次人口普查，全州侗族总人口为 436723 人，占全州总人口的 24.2%。1964 年第二次人口普查，侗族总人口为 468445 人，占全州总人口的 23.92%。1982 年第三次人口普查，侗族总人口为 764130 人，占全州总人口的 23.59%。1990 年第四次人口普查，侗族总人口 1064700 人，占全州总人口的 28.9%。据 2005 年年底统计，黔东南州侗族人口为 140.71 万人，占全州总人口的 31.85%，接近全国侗族族人口的一半。2007 年全州户籍人口统计，侗族 142.36 万人，占总人口的 31.97%；2009 年，侗族人口 127.64 万人，占总人口的

31.72%。2010 年统计的常住人口中，侗族 101.04 万人。2011 年后统计的是常住人口。2011 年，侗族人口 136.29 万人，占总人口的 29.75%。2012 年，侗族人口 137.03 万人，占总人口的 29.84%。2013 年，侗族人口 137.97 万人，占总人口的 29.77%。2014 年，侗族人口 139.09 万人，占总人口的 29.83%。2015 年，侗族人口 141.48 万人，占总人口的 29.88%。2016 年，侗族人口 143.86 万人，占总人口的 29.5%。2017 年，侗族人口 144.65 万人，占总人口的 30.4%。2018 年，侗族人口 146.32 万人，占总人口的 30.41%。2019 年，侗族人口 147.55 万人，占总人口的 30.4%。2020 年，侗族人口 149.04 万人，占总人口的 30.5%。

表 1-3　黔东南州侗族人口分布统计表

单位：万人、%

年份 县市	1990	2005	2011	2016	2017	2018	2019	2020
黎平县	27.46	36.35	26.66	38.52	38.64	39.15	39.51	39.97
天柱县	23.64	28.08	17.44	27.72	27.24	27.38	27.46	27.57
从江县	10.85	13.25	11.51	14.28	14.98	15.21	15.39	15.56
榕江县	9.79	12.91	10.31	13.53	14.4.	14.21	14.35	14.53
锦屏县	9.19	11.36	7.48	11.80	11.74	11.83	11.90	11.97
三穗县	7.41	10.86	6.81	10.04	10.12	10.23	10.30	10.39
镇远县	5.81	9.13	5.90	8.23	8.36	8.43	8.47	8.54
剑河县	6.16	8.49	5.07	7.56	7.41	7.47	7.50	7.53
岑巩县	4.02	8	4.84	7.30	7.38	7.49	7.58	7.69

资料来源：根据《黔东南苗族侗族自治州志》（1985—2010）（黔东南苗族侗族自治州地方志编纂委员会编，第一册，方志出版社 2014 年版，第 145 页）、《黔东南州志·民族志》（黔东南苗族侗族自治州地方志编纂委员会编，贵州人民出版社 2000 年版，第 202 页）、《黔东南统计年鉴》（黔东南州统计局、国家统计局黔东南调查队编，2011 年第 52 页、2016 年、2017 年、2018 年第 53 页、2019 年第 46 页、2020 年第 65 页）统计制作。

四、汉族人口及分布

境内汉族的分布与历史渊源和政治经济文化中心的发展变化相关，历史上，汉族占人口比重较大的县是镇远、岑巩、施秉、黄平、三穗等县。至 2005 年，全州总人口 441.72 万人，其中汉族 80.08 万人，占比 18.13%。2006 年和 2007 年全州总户籍人口中，汉族人口分别是 80.61 万人、81.02 万人。在 2008 至 2010 年统计的常住人口中，汉族人口分别是 73.86 万人、73.9 万人、75.66 万人，分别占总人口的 18.4%、18.36% 和 18.84%。2016 年全州汉族户籍人口 94.1 万，2020 年，户籍人口 89.41 万人，占总人口的 18.3%。

表 1-4　黔东南州汉族人口分布统计表

单位：万人、%

年份 县市	2005		2011		2016		2020	
	人口数	占总人口	人口数	占总人口	人口数	占总人口	人口数	占总人口
镇远县	12.3	47.05	11.03	54.44	14.28	52	14.07	50.7
黄平县	11.33	31.87	9.13	35.04	13.14	33.7	12.10	30.9
凯里市	11.32	24.53	12.22	25.45	11.19	19.4	10.47	17.9
岑巩县	9.89	43.97	8.41	52.43	11.74	49.9	11.53	48.1
施秉县	7.03	44.52	6.31	48.62	7.53	43.1	7.43	41.5
三穗县	5.3	25.14	5.43	34.97	7.49	32.8	7.32	31.4
榕江县	5.13	15.34	5046	19.09	7.02	18.9	6.24	16.2
黎平县	4.81	9.41	5.17	13.2	6.95	12.5	6.66	11.5
麻江县	4.34	19.42	3.46	20.88	3.67	21.7	3.22	18.8
从江县	1.82	5.61	1.87	6.4	1.84	5.1	1.75	4.5
锦屏县	1.79	7.89	1.73	11.27	2.56	11	2.50	10.5
丹寨县	1.78	10.73	1.63	13.56	2.23	12.6	1.89	10.5
雷山县	1.31	8.62	1.02	8.86	1.42	8.8	1.25	7.6
剑河县	0.78	3.19	1.2	6.6	1.77	6.4	1.61	5.8
天柱县	0.61	1.47	0.63	2.29	0.81	1.9	0.92	2.2
台江县	0.54	3.67	0.48	4.45	0.46	2.7	0.45	2.6

资料来源：根据黔东南苗族侗族自治州地方志编纂委员会编《黔东南苗族侗族自治州志》（1985—2010）（第一册，方志出版社 2014 年版，第 161 页）、《黔东南统计年鉴》（黔东南州统计局、国家统计局黔东南调查队编，2011 年第 52 页、2016 年第 46 页、2020 年第 65 页）统计制作。

五、其他民族人口及分布

（一）水族

黔东南苗族侗族自治州的水族主要分布在榕江、丹寨、雷山等县的 8 个水族乡和丹寨县龙泉镇，其中水族乡有榕江县兴华水族乡、仁里水族乡、定威水族乡、水尾水族乡、三江水族乡，雷山县达地水族乡以及榕江县塔石瑶族水族乡、黎平县顺化瑶族水族乡。1953 年第一次人口普查，水族总人口为 14659 人。1964 年第二次人口普查，水族总人口为 22630 人。1982 年第三次人口普查，水族总人口为 41797 人，占全国水族总人口（28.6 万人）的 14.6%。到 1990 年第四次人口普查，水族总人口 54337 人，其中榕江县 28959 人，丹寨县 11468 人，雷山县 4734 人，剑河县 3355 人，从江县 2914 人，黎平县 1646 人。据 2005 年年报统计，全州水族有 7.28 万人。2016 年，全州水族户籍人口有 77344 人，其中榕江 42071 人，丹寨 13074 人，雷山 6387 人。2019 年，水族户籍人口 78149 人，其中榕江 42879 人，丹寨 13177 人，雷山 6894 人。2020 年，水族户籍人口 79057，其中榕江 43292 人，丹寨 13345 人，雷山 6984 人。

（二）布依族

布依族主要聚居在麻江县，其中布依族乡有麻江县贤昌布依族乡、坝芒布依族乡、景阳布依族乡以及碧波乡等。1982 年第三次人口普查，全州布依族总人口为 12877 人。1987 年，布依族人口达到 27415 人。到 1990 年第四次人口普查，布依族总人口 36241 人，其中麻江县 11775 人，凯里市 1466，榕江县 863 人，丹寨县 723 人，其他杂居。据 2005 年年报统计，全州布依族有 4.68 万人。2016 年，布依族户籍人口 47687 人，其中麻江 33576 人，凯里 7502 人。2019 年，布依族户籍人口 48650 人，其中麻江 33973 人，凯里 7004 人。2020 年，布依族户籍人口 49313 人，其中麻江 34258 人，凯里 7124 人。

（三）土家族

据 1987 年年底统计，全州土家族人口为 15607 人，主要分布在岑巩、镇远、三穗等县的 16 个乡镇，其中岑巩县 12695 万人，镇远 6778 人，三穗县 857 人，其他 13 个县市 577 人。经贵州省人民政府批准，岑巩、镇远县分别于 1985 年 12 月 12 日和 1988 年 9 月 19 日建立了羊桥、尚寨两个土家族乡。1990 年第三次人口普查时，全州土家族总人口有 28682 人，其中岑巩的有 13144 人，占全州土家族人口的 45.8%，镇远有 8345 人，占全州土家族的人口的 29.1%，其余的分布在凯里、天柱等 14 个市县。2000 年第五次人口普查时，全州土家族人口达 3.95 万人。2010 年"六普"统计数据，全州土家族常住人口 3.37 万人。

（四）畲族

畲族主要居住在麻江县杏山镇、碧波乡、贤昌布依族乡、谷硐镇、宣威镇、下司镇、坝芒布依族乡、龙山乡等乡镇。聚居在隆昌、仙哦、陕班、六堡、石板塘等村寨，散居在小龙洞、滥坝等村寨。据 1996 年统计，麻江全县畲族总人口为 32358 人，占全省畲族人口的 78% 以上。其中，居住在杏山镇的有 12216 人，居住在碧波乡的有 5844 人，居住在贤昌布依族乡的有 3547 人，居住在谷硐镇的有 3354 人，居住在宣威镇的有 3058 人，居住在下司镇的有 1602 人，居住在坝芒布依族乡的有 1368 人，居住在龙山乡的有 1274 人，居住在景阳布依族乡的有 106 人。2004 年麻江县有人口 37118 人，占全县人口的 17.41%。2010 年"六普"统计数据，全州畲族常住人口 3.14 万人。

（五）仫佬族

境内仫佬族主要分布在凯里市和麻江县两个地区，在丹寨也有少量分布。凯里市的仫佬族主要居住在大风洞、炉山、龙场、万潮、舟溪、鸭塘 6 个乡镇以及凯里市湾溪街道的 121 个自然村寨，其中主要聚居在大风洞乡重摆新村（老院）、重摆、龙井沟、榜河、母鸭、新院、屯上、都兰、渡口、新岩、都蓬等十一个自然村寨，与其他民族杂居有 110 个自然村寨。麻江县的仫佬族居住在基东、笔架、龙山、共和、宣威、下司、白午、铜鼓、回龙、碧波、隆昌、新场、贤昌、杏山等 120 多个村寨，其中聚居在龙山镇的基东、岔赏、岔袍、安鹅 4 个自然寨。

凯里市仫佬族人口有 6267 人。麻江县有 13335 人，占全县总人口的 7.4%。1993 年 6 月 15 日，全州共有仫佬族 20144 人。2005 年，全州仫佬族 23620 人，其中凯里市 7218 人，麻江县 16402 人。

（六）壮族

1956 年，全州壮族人口 13559 人。1964 年第二次人口普查，壮族人口为 10583 人。1982 年第三次人口普查时，全州有壮族人口 17912 人。1990 年第四次人口普查时，全州有 22369 人，全州各县市均有分布，其中从江县有 19204 人，占全州壮族总人口的 85.8%，主要居住在刚边、秀塘等壮族乡；黎平有 1702 人，占全州壮族总人口的 7.6%。2000 年第五次人口普查时，全州壮族人口 2.53 万人。

（七）瑶族

瑶族主要居住在黎平、从江、榕江、雷山和麻江等县，居住形式为大分散、小聚居。1953 年第一次人口普查，全州境内有瑶族 7151 人。1964 年，第二次人口普查，瑶族 8478 人。1982 年全国第三次人口普查时，境内有瑶族 13656 人，占全州总人口的 0.3%。1990 年第四次全国人口普查，全州瑶族人口达到 16709 人，占全州总人口的 0.41%。2000 年第五次全国人口普查，全州瑶族人口达到 2.48 万人。2010 年"六普"统计数据，全州瑶族常住人口 2.17 万人。

1984 年，经贵州省人民政府批准，分别在境内黎平县顺化、雷洞、滚董，从江县高芒，榕江县塔石恢复或建立了单一瑶族乡和与其他民族联合组成的民族乡。1992 年"撤区并乡建镇"后，境内有 1 个单一瑶族乡和 3 个与其他民族共同组成的民族乡，即黎平县顺化瑶族乡、雷洞瑶族水族乡，榕江县塔石瑶族水族乡，从江县翠里瑶族壮族乡。境内瑶族主要聚居在这 4 个民族乡和麻江县龙山镇河坝片区。

第三节　多元交融的民族文化

文化常常是不同民族的边界所在。著名学者沙香莲指出："文化因素对于民族和民族性的影响作用同地理、人口因素相比更为深刻些，并且地理、人口的社会作用离不开文化的作用。"[1] 在漫长的历史发展中，黔东南独特的地理和文化环境，孕育了苗侗等各族人民丰富多彩、弥足珍贵的文化遗产，保留和传承了独有的原生态民族文化。各民族大多有自己的民族语言和文化传统，在或多或少地保留着自己的文化传统和某些习俗的同时，各种文化又不断互相影响和渗透，各族人民和谐共处，共同创造了灿烂的黔东南民族文化，"原始的自然生态、原生的民族文化、原貌的历史遗存"巧妙地融合成绚丽多姿、神秘独特的原生态民族文

---

[1]　沙香莲：《中国民族性（三）——民族性三十年变迁》，31 页，北京，中国人民大学出版社，2012。

化圈，成为世界乡土文化保护基金会授予的全球 18 个生态文化保护圈之一，是"世界苗侗原生态文化遗产保留核心地"，是中华文化的重要组成部分。

一、语言与文字

语言文字是民族文化的重要组成部分，同时也是民族文化的表现形式。

（一）苗族

1. 语言

黔东南州苗族语言属汉藏语系苗瑶语族苗语支（苗语中部方言），有北部和南部两个次方言。北部次方言通行整个方言区，操北部次方言的人数占苗族总人口的94% 以上。南部次方言通行于从江的部分苗族地区，占境内苗族总人口的 6% 左右。

苗语语音音素有元音和辅音两大类。苗语语言中的辅音（声母）有塞音、擦塞音、鼻音、边音、擦音、半元音等。北部次方言北部土语（凯里市三棵树镇养薅点）有 40 个辅音，北部次方言的东部土语（锦屏县偶里点）有辅音 28 个。苗语元音（韵母）较少，北部次方言几个土语区的元音（韵母）有一定差异，就是一个土语区内，不同村寨的语言韵母亦不尽相同。北部土语的养薅音中，元音（韵母）共有 11 个，其中单纯元音（韵母）6 个，复合元音（韵母）5 个。北部次方言共有元音（韵母）13 个，其中单元音（韵母）5 个，复合元音（韵母）元音（韵母）8 个。苗语中部方言的几个土语区里，绝大多数语言都有 8 个声调，只有少数的语言点有 7 个声调。

黔东南州苗语词汇体系由基本词汇、外来词、方言词、专业词、熟语 5 部分构成，有完整的词类、句子成分、句子等语法系统；词类有名词、量词、数词、指示词、代名词、动词、形容词、副词、介词、连词、助词和叹词 13 类；句子成分有主语、谓语、表语、宾语、补语、定语和状语；句子从形式来分，有单句和复句，从内容来分，有陈述句、疑问句、祈使句、感叹句等。

2. 文字

历史上苗族是否有文字尚无确考，秦汉以来的汉文献没有记载。1955 年 12 月，中国科学院哲学社会学部和中央民族学院组织少数民族语言调查队深入各民族地区进行调查。1956 年 5 月，中国少数民族语言调查工作队第一工作队 120 多人开赴苗族地区开展苗族语言调查工作。1956 年 10 月 30 日至 11 月 7 日在贵阳召开了有中国科学院哲学社会学部领导、苏联专家和贵州、湖南、云南、广西、四川等省（区）党政领导及苗族各界代表参加的"苗族语言文字问题科学讨论会"，通过了关于创立苗文东、中、西部方言三种文字方案的决议，正式创制苗文。1956 年 12 月，创制的苗文方案经中央民族事务委员会批准试验推行。1959 年 5 月，根据试验推行工作中的实际情况，对苗文方案进行了第一次修订。1984 年，贵州省民委经国家民委同意，对苗文方案进行了第二次修订。黔东南州现推行的是第二次修订的苗文方案，由声母、韵母、声调和字母四要素构成。苗文字母有 26 个，声母有 32 个，其中，21 个是单声母，11 个是双声母；韵母 26 个，其中单韵母 6 个，复韵母 19 个。苗文声调共有 8 个，为了统一书面文字形式，中部方言苗文方案规定分别用 8 个字母代表 8 个声调，列入每个音节的最后，使之成为有机整体。8 个字母代表的 8 个调值分别是 b=33 调，x=55 调，d=24 调，l=22 调，t=44 调，s=13 调，k=53 调，f=31 调。

（二）侗族

1.语言

侗族语言属汉藏语系壮侗语族侗水语支，分南北两个方言，北部方言通行于境内的天柱、剑河、三穗、镇远和锦屏；南部方言通行于境内的黎平、榕江、从江。方言之间同源词占 71.7%，非同源词占 28.3%。其中声、韵、调完全相同的占 36.8%，语音不同但符合对应规律的占 33.3%。境内两个方言区各有三个土语区。南部方言第一土语区包括榕江、锦屏启蒙的侗语；第二土语区包括黎平、从江的侗语；第三土语区为镇远报京的侗语。北部方言第一土语区包括天柱石洞、锦屏九寨、三穗、剑河的侗语；第二土语区是天柱注溪侗语；第三土语为锦屏大同侗语。两大方言的语言、词汇、语法基本相同。南部方言内部差异不大，任何两个土语区都能流畅地对话，北部方言内部同源词达 80.1%。

2.文字

侗族历史上没有自己的文字，但一些侗族的巫师、戏师、歌师借助汉字记音的方法编成"占卜通书"，或编戏编歌，或写成传戏传歌的抄本。中华人民共和国成立以后，人民政府于 1957 年 12 月制定了以侗族南部方言为基础语言，以黔东南州榕江县车江章鲁话为标准音的拉丁字母表音《侗文方案》（草案），1958 年 8 月在贵阳召开的"侗族语言文字问题科学讨论会"上通过，并于 1958 年 10

月经中央民族事务委员会批准试验推行。

（三）水族

1. 语言

水族有自己的语言，水语属汉藏语系壮侗语族水语支，境内水语与侗语的关系密切，有许多同源词。水族语言基本通行于境内整个水族，水语内部差异小，语调基本一致。水语的发音较为复杂，声母有70多个，韵母有50多个，是壮侗语族中声韵母较多的一个语种。

水族词汇分单音节和复音节，基本词汇以单音节为主，复音节的词很少，固有词相当丰富。水语语法的特点是词序严格，变化不大。句子一般主语在前，谓语在后，宾语和补语皆在谓语之后。水语吸收了不少汉族借词。汉语借词源自不同的时代，可分为老借词和新借词两种，老借词借入年代较早，一般都是日常生活、生产劳动、社会习俗等方面的语词，以单音节词居多。有的老借词已进入水语的基本词库，有派生新词的能力。新借词主要是新吸收进来的政治、经济、文化、科学、技术等方面的新术语，如"法律""网络""科技"等等。

2. 文字

水族有古老的文字，主要集中在水族的"渤虽"里。"渤虽"是水语，汉译为水或水书，是用水族古文字书写而成。水书有400多个单字，还不能成为交流思想的工具，多为民间择日所用。水书是按照象形、会意、指事和假借的方法造的字。象形字占的比重较大，大约占"水书"字的一半以上。"水书"象形字的特点是抓住事物的典型特征，运用简单的构图来表示。比如"虎"是在简化的头型上突出双耳，"豹"则在虎字基础上延长颈部和突出双目表示。水书的发展因受到各种条件的限制，均系誊写抄录，没有统一的刻版，故字形产生了变异，分古体、今体和异体三种字形。

水书的分类，就其性质而言可分为"吉""凶"两类，若按形式来划分，可以分为阅览本、朗读本、适掌本、对象本、方位本、星宿本等。朗读本是学习水书的基本读本，阅览本是水书的主体部分，是择定各种日期的主要依据。吉祥类有代旺、鸠高鸠笨等几十个条目；凶祸类有梭坝、鸠火、花消、都居等几百个条目。

在水族人民日常生活中，水书的影响相当广泛，其中受影响最深的要算丧葬、婚嫁和营造三方面。如丧葬方面，从入殓、停棺、出殡、下土安葬和"开控"的追慎活动，每一细小的环节都要按水书条文去"趋吉避凶"。因此，过去有些人家请来择日的水书先生至少要6个人，多者达10来个人。此外，如日常生活中驯牛、吃新米等日常活动也受水书规约的限制，可见水书对水族人民的思想意识和生产生活都有着深刻的影响。尽管水书没有统一的刻版，没有统一的学校与教员，全靠民间口传手抄，但其内容基本一致，差异不大。

（四）壮族

1. 语言

壮语属壮侗语族壮傣语支，黔东南州壮族语言属壮语北部方言土语。明代以前，黔东南州壮语"与广西柳州夷同"，随着语言自身的历史音变及受各民族杂居交往的影响，黔东南州壮语在语音、词汇及语法修辞上，已与广西庆远等地壮语产生差异，形成了浓郁的地方特点。黔东南州现代壮语有四大方音区，即宰便的宰河、新华、加榜方音区，秀塘和刚边方音区，西山方音区，平正方音区，主要是由于声调上的差异而致。

黔东南州壮语有单纯词和合成词两大类。单纯词以单音节的占绝大多数，多音节的较少，尤其是叠韵的多音节单纯词更少。合成词中，由两个有独立意义的音节结合在一起构成的联合型，一般都产生新的意义，而无现代汉语的两个词根互相说明及一个词根的意义完全消失等现象。合成词中的附加式，其前缀往往有区别物类、时间、处所等附加意义的作用。现代壮语词汇系统中有许多外来词，这是与各民族长期交往过程中，积极吸收各民族语言，以丰富本民族词汇、增加语言表达能力的结果。

壮语表达同一意思所用的句法结构与现代汉语有差别，尤其是在限定结构上，与现代汉语恰好相反，起修饰、限制作用的成分都用在被修饰、受限定的成分之后。现代壮语中，基数的组织规律比较复杂，壹、贰、伍、陆各有一对同义基数词，计数时这几对基数词要相对应地运用。

2. 文字

根据史籍记载，壮族由于长期和汉族密切交往，很多人不仅"能习汉语"，而且"知读书"和使用汉文。早在11世纪，曾有学过汉文的人借汉字来记录壮语，从而创造了一种方块"土俗字"，但字数甚少。黔东南州壮族地区现代使用的"土俗字"是在古代"土俗字"的基础上丰富发展起来的，一般壮族巫师和歌师都能看懂和使用部分"土俗"壮文，并用之编创和记录民间歌谣，抄写巫书魔词，以及用于友人之间的书信唱和对答。"土俗字"造字，一是借汉字记音；二是借汉字表意；三是音意兼顾。土俗字是根据汉字的形、音、义规律创造的，所以每一个字形都与读音和意义发生联系，字形不同其读音和意义也就不同。土俗字的造句规律依壮语的语法习惯进行组织而不是依靠借以造字的汉语。由于土俗字缺乏统一和规范化，使得它的使用范围狭窄，终究没有形成全民族通行的文字。

（五）其他民族

1. 布依族

境内布依族语言属汉藏语系壮侗语族壮傣语支第二土语区。布依族历来有自己的语言，直至清末，布依族人民在生产、生活及社会交往中，还通用自己的语言交际。民国时期，由于居住、迁徙、婚姻、交往、办学、无文字等原因，布依族人民习汉语、学汉文日渐普遍，说本民族语言逐渐减少，布依语逐渐退出第一交际语的舞台。中华人民共和国成立以后，随着教育文化事业的发展，青、壮年族内族外交际都讲汉语、用汉文，只有极少数老年人能说简单的布依语，境内的布依语濒临消亡的境地。

2. 仫佬族

仫佬语属汉藏语系壮侗语族水语支，无文字，多数人通汉语，使用汉文。境内的仫佬族有自己的语言，称"木佬语"。现在普遍使用汉语汉文，"木佬语"在偏僻边远山村有一些老年人会说，还有部分仫佬族的巫师会说。

3. 瑶族

瑶族有自己的语言，瑶语一般指勉语，支系属汉藏语系苗瑶语族。瑶族人各地的语言差别很大，往往不能互相通话。境内"巴享"支系说"勉"话，属苗瑶语族瑶语支；"尤勉"支系说"尤勉"语，属苗语支；"育"支系说"绕家话"，属苗语支。瑶族人多通汉语、壮语和苗语，无本民族文字，一般通用汉文。

二、节庆与习俗

黔东南素有"百节之乡"的美称，"大节三六九，小节天天有"，而且都有很强的地域性。据《黔东南非物质文化遗产年鉴》统计，全州一年中有节日集会

386个。① 节日活动丰富多彩，有唱歌跳舞、斗牛赛马、吹芦笙、踩铜鼓、赛龙舟、玩龙灯、唱侗戏等等。主要的民族节日有苗族的芦笙会、爬坡节、姊妹节、"四月八"、吃新节、龙舟节、苗年，侗族的侗年、泥人节、摔跤节、林王节、"三月三"歌节、"二十坪"歌节，水族的端节，瑶族的"盘王节"等等。这些节日集会是展现黔东南民族风情和灿烂文化的百花园。

（一）苗族

较大的节日有苗年、鼓藏节、姊妹节、施洞独木龙舟节、四月八、吃新节等，尤其以苗年、鼓藏节、姊妹节、龙舟节最具特色。

1.苗年

苗年是苗族祭祀祖先、庆祝丰收、祈求来年风调雨顺的传统节日，相当于汉族的春节。以雷山、台江、丹寨、剑河、榕江、凯里等地最为隆重。过苗年没有统一的固定日期，一般在农历十月至十一月间的卯日举行。苗年一般分三次过，称为"小年""大年"和"尾巴年"。其中，大年最热闹，集会也集中在大年里进行，持续3~5天，有的地区持续10多天。

2.鼓藏节

鼓藏节是雷山、榕江、从江、丹寨等地苗族最隆重的祭祖活动，祭祀祖先是该节日的核心内容。当地苗族认为，自己的祖先平时就住在贴着牛皮的木鼓里，而牛又是苗族人崇拜的图腾之一，因此，杀牛祭祖是这个节日最重要的仪式。故鼓藏节又有"吃咕脏""祭鼓社""祭鼓节""祭祖节"等不同称谓。苗语称为"努略""努姜略"。鼓藏节各地形式、内容大体相同，但在时间上不尽一致，有3年一次、5年一次、7年一次、9年一次、13年一次的，尤其以13年一次的最为普遍，而且以雷山西江鼓藏节最为典型。

3.姊妹节

姊妹节，又称吃姊妹饭，是清水江中游地区苗族青年女子专为爱情而过的传统节日，被称为"东方的情人节"，被誉为"藏在花蕊里的节日"。除了施秉白洗在农历二月十五日过外，台江施洞、榕山、老屯、革东以及剑河温泉、柳利等地都在农历三月十五至十七日举行，尤以台江施洞最为典型。

---

① 黔东南州非物质文化遗产保护中心编、粟周榕主编：《黔东南非物质文化遗产年鉴（2005—2014）》，33-57页，贵阳，贵州民族出版社2016年。

（二）侗族

侗族的节日很多，除了受汉族影响也过春节、清明节、端午节、中秋节等节日外，还有侗年、祭萨节、三月三、四月八、吃新节、吃相思、赶歌坪等具有民族特色的传统节日和社交活动，尤其以侗年、祭萨节、吃相思最具特色。

1. 侗年

侗族节日中侗年为最大的节日。侗年，没有统一的日期，有的寨子在每年古历十月下旬过，有的寨子则在古历十一月下旬过，还有的村寨分别在古历的十月下旬、十一月中旬以及春节（汉族）过3次。侗年一般持续1~3天。要是举行唱琵琶歌、吹芦笙、斗牛、演侗戏等活动，有时也长达7~10天才结束。节日期间，侗族男女老少身着民族盛装，聚集到开展活动指定的地点观看节目。有优美动听的琵琶歌弹唱，有悠扬婉转的芦笙舞曲，也有内容丰富、情节生动、寓意深长的侗戏演出等文体活动。节日期间，白天男女青年们互相认识，晚上则"行歌坐夜"。有的通过认识后建立了深厚的感情，结成了终身伴侣。

2. 祭萨节

"萨"即萨岁、萨玛或萨姆，意为侗族的大祖母。相传在母系氏族阶段，有一位叫"杏妮"的侗族女英雄，在抵御外敌入侵的战斗中屡建奇功，族人对她崇拜无比，她不幸牺牲后，族人为纪念她，将其奉为能给侗族同胞带来平安和幸福的神灵，尊称她为"萨玛"。南洞地区每一村寨都建有祭祀坛或"圣母祠"，以供奉她的英灵。传说她是农历二月初二牺牲的，每年这一天，南部方言区的侗寨都要举行隆重的祭萨活动，尤其以榕江车江的"萨玛节"最为隆重。届时，全寨所有人，包括出嫁的姑娘都要接回来参加。大家把腌鱼、腌肉、滋米、甜酒等搬到萨堂，举行祭萨仪式，唱祭祖歌，然后把食物拿回家，全家人围着火塘一边吃饭，一边听老人摆古忆祖。

3. 月也

月也，也称为"吃相思"，意为集体游乡做客，是有结盟的村寨间集体做客的社交活动，多在农历正月、二月或秋收后举行。侗族某一村寨的男女青年按约定到另一个侗寨做客，期间要举行赛芦笙、对歌等活动。"月也"流行于南部侗族地区，尤以黎平县南部和从江县北部地区的侗族村寨更盛行，也最为隆重。侗族春节期间的"月也"（也称"也哼年"）最为盛大和隆重，"也哼年"一般由歌队、芦笙队、侗戏班组成。芦笙队在走村串寨的过程中，会根据不同的场合吹奏不同的曲目，如过寨曲、通报曲、进寨曲、拦路歌、开路歌、祝福歌、告别曲等。

三、文学与艺术

（一）民族民间文学

黔东南州内少数民族大多没有自己的文字，古时民间文学主要靠口传，口传民间文学浩如烟海，留下大量的传说故事、诗歌、说唱文学、童谣、谜语、谚语等，记载其历史、宗教、哲学、约法、习俗及社会生产、生活、交往的各个层面，是我国文化宝库中一颗璀璨的明珠，是了解当地社会的百科全书。

1.苗族民间文学

苗族历史上没有自己的文字，民间文学都是靠口头传承。民间文学主要有传说故事、诗歌、说唱文学等。

（1）传说故事

形象生动、手法简洁，有巨大的概括力，反映深刻的社会内容。

早期的传说故事解释自然界的自然现象和人类、物种的起源，具有浓厚的神话色彩，如《开天辟地》《洪水滔天》等都反映了这方面的内容。阶级社会出现以后，故事内容打上了阶级的烙印，表现苗族人民的爱情，如《立金和龙女》《蛇郎与阿宜》等都反映了反对封建礼教和反抗阶级压迫的主题。近代的传说故事主要是歌颂民族英雄和武装斗争，如《张秀眉是白虎星变的》《包大度的传说》等。红军长征经过黔东南后，出现了一批歌颂红军和中国共产党及领袖的作品，如《一件绒衣》《红军树》等，直接表达了苗族人民渴望解放、渴望新生活的理想和愿望。

（2）诗歌

苗族诗歌讲求音韵，有五言体、七言体、长短句。语言简练和谐、匀称，通俗易懂，能表达丰富的思想感情，具有很强的艺术感染力，是苗族民间文学的最重要表现形式，使用范围极广。如至亲好友迎来送往，男女间谈情说爱，甚至做媒说亲，调解纠纷，制定乡规民约，教育子女，叙述家谱家规，有时也用诗歌表达。劳动时也用诗歌来助兴，劳动之余又借诗歌来消除疲劳。

苗族诗歌按其形式和内容可以分为创世史诗和叙事诗两类。

创世史诗，用诗的语言叙述了苗族的发展史，用生动的形象寄托着苗族人民对美好生活的向往和渴望征服自然、驾驭自然的强烈愿望。其中最有名的就是《苗族古歌》，由《开天辟地》《打柱撑天》《洪水滔大》等12组既独立又相互联系的古歌组成的创世史诗，共万余行，生动地反映了苗族先民对天地、万物及人类起源的解释和他们艰辛的历史过程。

叙事诗是苗族民间文学的重要形式，其特点是采用现实主义的手法，历史地、真实地再现当时的社会现实，分为英雄叙事诗和爱情叙事诗两类。英雄叙事诗主要反映近代社会的内容，如《张秀眉之歌》，描写的就是咸同年间张秀眉领导黔东南苗族人民起义的一部长篇英雄叙事诗。黔东南州内苗族的爱情叙事诗也很丰富，流传最广、影响最大的有《阿荣和略岗》《仰欧瑟》《岗妮嘎养荣》《乔娥与金丹》等。

（3）说唱文学

苗语称为"嘎百福歌"，是一种以传说故事为主，有说有唱的文学体裁。其内容主要是对当时社会上存在的一些不良现象特别是在婚姻制度上的种种不良现象进行无情的揭露和抨击，有反对包办婚姻、宣扬婚姻自主的，也有嘲笑和讽刺嫌贫爱富思想和庸俗虚伪的爱情的，具有讽刺文学的特色，内容充满现实生活气息，深受苗族人民欢迎。主要作品有《榜藏农》《娣井琛》《娥兰农》《珠里》等。

此外，谚语、格言、谜语等文学体裁在苗族民间文学中亦占有重要地位，且为数不少。

2. 侗族民间文学

侗族民间文学主要有诗歌、神话、传说、故事、谜语、谚语、笑话、寓言等，尤其以诗歌最为著称，侗乡素来就有"诗的家乡，歌的海洋"之美誉。

诗歌是侗族传统文学的重要组成部分，大致可以分为长诗和短诗两大类。长诗多为叙事诗歌，每首长达数百上千行，由于侗族过去没有文字，许多感人的神话、传说、故事和重大历史事件，都被编成叙事诗歌传承于后世。短诗多为抒发人们喜怒哀乐的抒情诗歌。侗族诗歌韵律严谨，题材广泛，情调健康明朗，比喻生动活泼。其中叙事诗歌委婉曲折，意味深长，抒情诗歌优美细腻，真挚热情，都是侗族民间文学极为珍贵的文化遗产。侗族诗歌歌词多以人类起源、民族迁徙和习惯法为题材，具有很高的史料价值。

（二）民族民间音乐

1. 苗族民间音乐

苗族民间音乐按其形式可以分为声乐和器乐两大类，每一类又有各种不同的调式，反映不同的内容。

（1）声乐

苗族声乐按照习惯的分类概念和音乐本身的特点，可以分为"飞歌""情歌""古歌""酒歌""嘎百福歌""大歌""龙月歌"等。按演唱形式又可以分为"对唱歌""独唱歌""二重唱""三部合唱"等等。

飞歌，是黔东南州苗歌中瑰丽的钻石，歌曲中的珍品。音调高亢嘹亮，豪迈奔放，曲调明快，有强烈的感染力。唱起来声振山谷，山鸣谷应。

情歌，也叫游方歌，是苗族男女青年在"游方场"上用以交流思想、倾诉爱慕思恋之情的曲调。"游方歌"中，曲调最优美的要算凯里、雷山、台江交界地带的"5136"四声音阶徵调式民歌。

古歌、酒歌，是苗族人民生活中常见的民歌体裁。时逢佳节或婚姻喜庆饮酒，人们常用酒歌来祝福酬谢；席间酒后，老人们往往用酒歌曲调来传唱历史、歌颂民族英雄和祖宗的业绩。酒歌曲调旋律起伏不大，庄重严肃，带朗诵风格，常常是一个章句的无限反复，仅因歌词调值不同而稍有变化。

（2）乐器

管乐乐器，主要有芦笙、芒筒等。芦笙是苗族人民最喜爱、最常用的一种簧管吹奏的民间多声部音乐乐器，由六根长短不一，内装大小不同的铜簧片的竹管开有音孔，吹奏时只需按其音孔就可以产生不同的音响效果，形成和音、和弦。

弦乐乐器，多为伴奏乐器，主要有古瓢琴、二胡、月琴等几种。古瓢琴流行于丹寨县排调镇一带，是民间古老的乐器，状如半边葫芦瓢，故称古瓢琴。该琴将一泡桐木削成半边葫芦状，挖空后另削一块薄木板盖住，着两根牛筋弦，安一码头，弓为马尾丝或棕丝，一般为二至四弦，用左手按弦，右手推弓，音质流畅浑厚，为男女青年对歌时伴奏或跳舞用。此外，还有二胡、月琴等，多用于对歌伴奏。

打击乐器，主要有铜鼓、木鼓和皮鼓。铜鼓是苗族人民珍惜和喜爱的一种民间乐器，已有上千年历史，黔东南苗族铜鼓属麻江型，直径最大的有 100 厘米左右，一般为 50~60 厘米。铜鼓制作精细，鼓面为浮雕图案，中心为日光形，边缘刻有蛙、龟、牛、马等主体装饰，鼓身全部有花纹围绕，丰富多彩。打击时，常以小木桶于鼓背助音，其音质雄浑深厚，传声甚远。木鼓各地式样不同，大小不等，大的直径有尺许，小的只有四五寸，将树干挖空后两头蒙以牛皮而成，作为祖先的象征，平时不可乱动。此外，皮鼓、手鼓、腰鼓等乐器，经苗族千百年来的兼收并蓄和改造，已成为苗族人民的民族乐器之一。

2. 侗族民间音乐

（1）音乐

侗族是一个擅长歌唱的民族，侗乡是音乐的海洋。在侗族社会中，素有年长者教歌、年轻者唱歌、年幼者学歌以及善歌者受人称赞、歌师受人尊敬的传统。"不会说话先会唱歌""饭养身，歌养心"等格言就是对此最好的诠释。

侗歌的曲调唱腔多样，格调平和，旋律优美，抒情细腻，内容丰富多彩。由于南北地区侗族方言不同，生活习俗略异，故侗歌也各具特色。在南部方言区的黎平、从江、榕江等地，多轻唱慢和，速度徐缓，抒情含蓄，既有合唱，也有独唱，既有乐器伴奏，也有清唱徒歌，既有自然音声唱，也有假声唱；在北部地区的天柱、锦屏等地，多放声抒怀，悠扬婉转，开朗明亮，高亢激昂，单旋律居多，大多数是徒歌清唱，偶有吹木叶伴奏。

侗歌根据划分的标准不同，可以分为不同种类，如以演唱形式分，可以分为合唱歌曲、独唱歌曲、对唱歌曲；若按内容分，可以分为情歌、礼俗歌、劝世歌、儿歌、酒歌等；若以伴奏乐器划分，可以分为琵琶歌、牛腿琴歌、笛子歌、木叶歌等。其中，以多声部合唱歌曲——"大歌"最负盛名，堪称侗歌中的瑰宝。

侗族大歌是一种多声部、无伴奏、无指挥、混声大合唱的复调音乐，侗家人称"嘎老"，汉译为"大歌"，有两层含义：一是参加演唱的人数多；二是篇幅长，声部多，气势宏大。其风格、旋律与一般合唱不同，是一种一领众和，分高低声部合唱，其主旋律和众唱在低声部，声音大；高声部是派生的，由一个或两三个歌手在低声部旋律的基础上创造性地即兴变唱。大歌属于民间支声复调音乐歌曲范畴，演唱时，多是每段先由领唱者唱一两句，而后众人随声合唱，节奏自由，缓急有序，高低音协调，和声完美，歌声洪亮，高雅而动听。大歌因格调、旋律的差异，大致又可以分为"普通大歌""声音大歌""数唱大歌""礼俗大歌""戏曲大歌""童声大歌"等几种。尤以模仿大自然的各种声音为主，其声自然，引人入胜，讲究心灵与自然的融合，堪称"人与大自然的和声"，因而有"天籁之音"之美誉。

侗族大歌主要流行于侗族南部方言区，以黎平、从江两县的六洞、九洞一带流行的大歌最为著名。大歌民间的正式演唱场面一般都比较隆重，通常在外寨的歌队来访时，主寨的歌队邀请对方在鼓楼演唱。如对方是男性歌队，则由主寨女性歌队接待，反之则由男性歌队接待，同性歌队习惯上是不互相邀请的。对唱一开始，先由主队唱"迎客歌"，客队回唱"赞鼓楼"，然后才进行正式的大歌对唱。一般是先由女方起头，男方作答，这样一唱一答，兴致高的可通宵达旦。

（2）乐器

侗族的乐器主要有琵琶、牛腿琴、芒筒、侗笛、胡琴等。这些乐器多用于歌唱伴奏，只有芦笙有一些独奏曲目，伴有简单的舞蹈动作。琵琶是较古老的弹弦乐器，形状和汉族的三弦相似，有大、中、小三种类型，主要用于情歌、叙事歌和侗戏的伴奏。牛腿琴属于弦乐器，因其形状似牛腿而得名，内置传音柱，用两弦，以五度定音，用马尾或棕丝作弓，弓法和指法类似小提琴，音量不大，音调纤细。芦笙在侗族南部地区十分盛行，类型也多，有多种定音。芒筒是用一根嵌有簧片的竹管插入一根粗大的竹筒中吹奏，只发一个音，有很大的共鸣，音响厚实，作为低音来配合芦笙齐奏，笙筒齐奏时，地动山摇，响彻云霄。州内侗族簧笛多是"竖吹箫"，共7个音孔，安簧片的一端为弧形，长约尺余。胡琴是侗族创造侗戏以后，从汉族乐器中引过来的乐器，用以伴奏侗戏演唱。此外，侗族地区还流传有唢呐、二胡、锣、鼓、拔等。打击乐器及唢呐多作戏剧伴奏或婚丧礼仪之用。

（三）民族民间戏曲

侗戏是清代中叶才兴起的新的文艺形式。相传，黎平县腊洞寨人吴文彩是侗戏的开山祖师。他是一位既有较高汉文水平，又熟悉本民族文艺的侗家才子，生于清嘉庆戊午年（1798），19世纪30年代（清道光年间）吴文彩凭着自己的文化修养和坚忍精神，经过3年努力，终于以汉族传书《二度梅》为蓝本，编出第一个侗戏剧本《梅良玉》。剧本编出后，他又设计唱腔，组织人员排练演出，轰动一方。从此，祖国绚丽多彩的戏曲园地又增添了一个新的剧种——侗戏。

从题材来源上看，侗戏的传统剧目分为两大类：一类是根据侗族叙事歌或民间传说故事改编创作的，如《珠郎娘美》《门龙绍女》《金汉列美》《甫义奶义》《妹道》《元董》《华区阮坠》《甫贯》《郎夜》《英子榴妹》《金俊娘瑞》《吉金列美》等；另一类是根据汉族传书改编创作的，如《梅良玉》《李且凤绞》《毛洪玉英》《山伯英台》《陈胜吴广》《陈世美》《刘志远》《万良姜女》等。

《珠郎娘美》是侗族戏曲史上最有影响的作品。原作是从江贯洞梁绍华和梁耀庭根据侗族民间传说和叙事歌编创的，它以 19 世纪中叶侗族社会为背景，以珠郎和娘美的爱情悲剧为线索，真实地再现了当时侗族社会的阶级关系、家庭关系、婚姻关系、人际关系以及社会习俗等。剧情处理和人物塑造都比较成功，并把反抗包办婚姻和反抗阶级压迫结合起来，使反映爱情悲剧的主题进一步深化，其意义远远超过反封建婚姻的一般爱情悲剧。

（四）民族民间舞蹈

1. 苗族民间舞蹈

苗族舞蹈起源很早，北宋时贵州的芦笙舞就受到朝廷的注意，并被召至京都汴梁的宫廷里表演。《宋史·列传》记载："牂牁蛮"至开封进贡方物，"一人吹瓢笙……数十辈联袂宛转而舞，以足顿地为节。"陆游在《老学庵笔记》中也曾描述苗人"击鼓歌舞，名曰调鼓"。直到今天，黔东南的苗族在祭祖时，男女老少仍分别围成圈子，击鼓而舞。黔东南素来就有"舞的海洋"之美誉，州内苗族的舞蹈丰富多彩，多以乐器命名，根据伴舞的乐器不同，主要分为芦笙舞、木鼓舞、铜鼓舞、板凳舞、古瓢舞等几种。

芦笙舞。因以芦笙伴舞而得名，是苗族最有代表性的传统舞蹈。芦笙舞根据表演人数的多少，可以分为单人舞、双人舞、集体舞等；根据表演的形式，又可以分为斗鸡舞、讨花带舞、锦鸡舞、芦笙芒筒舞等。芦笙舞中较古老的表演形式，是舞者围成圆圈，由两名或两名以上的男舞者吹笙领舞，众舞者为女性，着盛装，踏舞蹈曲旋律随领舞者而舞。舞步为进三步退一步，沿着场地循序而进。舞场上，姑娘们头戴闪闪发光的银角，洁白的银花，身穿缀满银饰的盛装，随着舞曲的变换而整齐地内外翻动，给人庄重、整齐感。

木鼓舞。以木鼓为唯一的伴奏乐器，是苗族的祭祀性舞蹈。有双人舞、单人舞，最具观赏价值的则为男女多人混合舞。舞蹈动作以胯为支点，头、肩、手、腰、腿、脚扭摆、甩动、踢蹬，转体自然，常以急速逆转形成强烈对比。木鼓舞的最大特色是狂,处处强调动作的粗犷奔放,洒脱豪迈。台江反排木鼓舞因鼓声雄浑厚重、节奏明快、舞姿狂放、气势雄健、潇洒自如,有极高的欣赏价值,故有"东方迪斯科"的美誉。

锦鸡舞。是苗族芦笙舞中独具特色的一种,主要发源和流行在丹寨排调镇、雅灰乡一带。生活在深山密林中的锦鸡,身上的羽毛色彩为头青、颈绿、身红、尾毛麻花且比身上长。锦鸡漂亮的羽毛超胜百鸟,因此很受人们喜爱。于是,心灵手巧的苗族姑娘,师法锦鸡,用不同颜色的丝线,仿照锦鸡的羽毛刺绣成各种花纹图案的衣裙穿在身上,就像锦鸡一样美丽。每当逢年过节,喜气来临,芦笙手们吹响芦笙,姑娘们就头戴打制有数只锦鸡的银花、颈戴银项圈、胸配图腾银盘,穿戴自己刺绣的盛装,精心打扮来到芦笙塘,踩着"四滴水"芦笙舞曲翩翩起舞,五彩斑五彩斑斓的服饰,犹如锦鸡展开了漂亮的羽毛。

2. 侗族民间舞蹈

侗族的舞蹈主要有哆耶(踩歌堂)、赐鱼舞、芦笙舞、龙喘等,尤以前两者最具特色。

哆耶。是一种大型的歌场对唱舞蹈,主要流行于南部方言区。侗族"哆"有唱、舞等含意,"耶"是一领众和的歌曲。"哆耶"是数十上百男女青年围在一个场中的对歌舞蹈。跳舞时,先由身着古装的寨老领着盛装的男女青年入场后,顺场绕三圈,又逆场绕三圈,姑娘们或手牵手或手搭肩围成一个内圆圈,罗汉们围成一个外圆圈,寨老坐在场中。姑娘们在领唱者的带领下,以整齐而有节奏的步伐向左移动,边走边唱,边甩手作拍。罗汉们也自由地陪着一同绕圈移动,跟着领唱者对答姑娘们唱词中所提出的问题。

赐鱼舞。是在"抬官人"活动中所跳的一种原始渔猎舞蹈,主要流行于侗族南部方言区。跳舞时,装扮原始人者手持夹有腌鱼的木筷冲着看热闹的某一人跳着武术性的原始舞蹈,这人就必须走进场来与"原始人"同舞,双方舞到脚步、头姿手势相合时,"原始人"夹的腌鱼正好落到对方口中为止。这时"原始人"又去夹鱼赐予另外的人。若双方步调不一致,一场赐鱼舞要跳很长时间才能结束,因此,很多侗寨绝大多数青年男子都会跳这种武术性的舞蹈。

(五)民族建筑

黔东南的民族建筑古朴典雅,富有地方民族特色,在中国建筑史上占有重要地位。苗、侗等民族的干栏式吊脚楼，侗族的鼓楼、花桥都具有鲜明的民族特色和很高的艺术价值。

1. 苗族吊脚楼

黔东南苗族的民居建筑是吊脚楼。州内苗族因大多居住在高山地区，山高坡陡，平整、开挖地基不易，加之山区潮湿多雾，底层地气重，不宜起居，再加上当地盛产木材，因此，苗族人充分利用当地的地势和有利的条件构筑这种通风性能好、美观实用、冬暖夏凉，还能防潮避兽的吊脚楼。

黔东南苗族造屋都以修建吊脚木楼为主。纯木质结构，各寨民宅大都于半山腰与偏坡间修建。延续唐宋以来的风格，各代又有所改进，自成格局。苗族多以支系家族聚居，且多聚居山区，宅基地势有限，大多就地砌基，傍山而建，其屋半边着地，半边吊脚，具美观大方之感。大小寨子，顺坡而居，层层叠叠，屋脊鳞次栉比，十分壮美。

修建吊脚木楼是十分讲究的，可以修成四角天井式或三方联立式，自成天井口格局，颇见大气。一般的吊脚木楼，有四排三间或五排四间，宽敞宜居。

凡盖瓦的大屋房顶，屋檐造型十分讲究，有的屋脊用瓦片搭成一双对称的飞禽形象，或放上数只泥塑飞鸽。有的能工巧匠将屋檐锯成波浪形状的长板托起，檐底瓦和托板都涂白灰，使其轮廓分明，分外醒目。大多房子的所有吊柱之头都凿成齿轮图案，以图装饰木楼，别具风格。有的以三间正房再搭一两个偏厦，配建对称、高低合度。一栋房屋的面积是 90—150 平方米，两头外间内房及偏厦的楼上楼下作卧室，也有用做厨房的，中堂是迎客间，也是各家活动的主要场地。

新房奠基或砍伐首根建房使用的树木，请造房下墨线之主匠，都择日而行之。立房时间更是讲究，一般选择打米过后过苗年期间秋冬时节立房，都择吉日以图日后吉利。有的村寨修造新房选择中柱时，必须是向阳山的杉木。居宅朝向，也有讲究，有坐南朝北，有坐西朝东，如有临近水域之房，不能横栏水向，房门对凹冲，不对山脊，在房的背脊也不能有巨岩等。

在民居建筑中，吊脚木楼有着悠久历史和独特地位，它是苗族等少数民族安身立命、繁衍后代、延续民族历史的根基，是经济、文化、艺术、家庭、社会和宗教观念等的积淀和集中体现，以其传承的物质形态方式表达其文化内涵。

2. 侗族民间建筑

侗族的建筑艺术主要体现在鼓楼、花桥、凉亭、吊脚楼、寨门等方面，尤其是鼓楼和花桥，被称为侗族建筑艺术的瑰宝。

（1）鼓楼

鼓楼是侗族建筑艺术的精华，是侗寨中最高大、最醒目的标志性建筑，也是侗寨区别于其他民族村寨的显著标志，被认为是"侗族文化的旗帜"。侗族称鼓楼为"堂卡"或"堂瓦"，意为众人说话或议事的地方，它是侗寨中集楼、阁、亭于一体的攒尖顶、宝塔形、密檐式木结构公共建筑，是侗族村寨或族姓的文化活动中心，是侗家人集会议事、休息娱乐、接待宾客的场所，是讲授民族历史、传唱民族歌谣的课堂。鼓楼的多功能性使之成为侗族原生文化的主要载体和侗族人民的图腾物。鼓楼的意义早已超越一般的公共建筑，上升为一种精神象征。直到今天，侗乡还有"建寨先建鼓楼"的古训。

侗族鼓楼一般以四根（也有六根或八根）巨大硕直的杉木为主柱，另与多根副柱相互衔接，逐层内收梁枋，以金瓜柱支撑着层层楼檐，形成四面流水、六面流水或八面流水的格局。全楼不用一钉一铆，全是杉木穿榫构建而成。鼓楼檐层多而楼层少，一般一楼为楼层，是鼓楼的实际使用部分，以四方形和六角形居多，正中间置有火塘，周边围有木条或石条长凳，有的还辅以靠背栏杆。一楼之上为檐层，其层数都为奇数，少则3层、5层，多则15层或17层。楼顶悬一牛皮大鼓，鼓响民聚，故名鼓楼。一个大的侗族村寨常常居住着几个家族，每个家族都有属于自己的鼓楼。因此，通过寨中的鼓楼数就可以知晓这个寨子有几个家族，每一座鼓楼都是一个血缘家族的象征。

侗寨鼓楼历史悠久，造型优美，工艺精湛。鼓楼的建造者都是侗族的能工巧匠，其中，掌墨师是鼓楼的总设计师、总工程师，他们不用图纸，整座鼓楼的形状、结构及几百根梁、枋、柱头的尺寸全凭自己心中默算，并体现在他们手中的竹竿上，层层叠楼的梁、枋、柱头衔接得毫无差错。因此，侗族谚语有"一杆竹，一幢屋"的说法。

目前，侗乡还保存有630多座鼓楼，其中黎平有320座。著名的鼓楼有：从江增冲鼓楼（国家级重点文物保护单位文物）、黎平纪堂鼓楼（省级文保单位）、从江信地鼓楼（省级文保单位）、黎平述洞鼓楼等。

（2）风雨桥

风雨桥又称为花桥，是侗族建筑艺术的又一精华，是侗族文化的重要符号，在建筑史上称为廊桥，它是一种集桥、廊、亭三者为一体的独具风韵的桥梁建筑。

在侗乡，村前寨后，凡有溪流处，必建有风雨桥，凡有鼓楼处，也必配有风雨桥。风雨桥的结构由桥墩、桥面、桥亭三部分组成。下部是长方形大块青石围砌、料石填心的墩台。中部为桥面，其结构采用密布式悬臂托简支梁体系，桥身用整条大的杉木做梁，桥面铺杉木板，两旁镶有栏杆，全为木结构。桥面长30—100米不等，宽约3—4米。桥上有长廊，沿廊设有长栏坐凳供行人休息避雨，栏外挑出一层风雨檐，既增强桥的整体美感，又保护桥面和托架梁。廊内亭檐多有彩绘。上部为桥亭，依桥的长度修桥亭3—5个不等，采用榫卯结合的梁柱体系联成整体。

风雨桥造型别致，兼有桥梁之雄伟、楼阁之壮观，与鼓楼一样，整座桥不用一钉一铆，全是开榫衔接，代表着侗族建筑的最高成就，实为我国少数民族建筑文化之精品。目前，贵州侗族地区有大小风雨桥400多座，其中300多座在黎平县境内，比较著名的有黎平地坪风雨桥、锦屏赤溪坪风雨桥等。多座桥分别被列为国家和省级重点文物保护单位。

（六）民族服饰艺术

在黔东南少数民族服饰中，苗族服饰尤为特别，也是世界上种类多、式样纷繁，又雍容华贵的民族服饰。苗族女性服饰总体上是于朴素中追求华丽，以刺绣、挑花、蜡染为主要工艺，佩戴贵重银饰后显得富丽堂皇。黔东南素有"白银王国"之称，其银饰制作工艺精湛，尤其是编丝、盘丝、镂空、錾工、刻模等工艺堪称一绝。台江施洞地区的苗族女性盛装全套银饰重量多达三四公斤，刺绣和银饰的图案都是祖先留下来的传说故事，苗家人以此传承文化，被称为"穿在身上的悠远史诗"。苗族银饰锻造工艺和苗族刺绣工艺均被列为国家级非物质文化遗产代表性名录。

四、非物质文化遗产及保护

黔东南州是一个苗族侗族占多数的多民族自治州，各民族在长期的生产生活实践中创造了多姿多彩的民族民间文化。这些文化以鲜明的民族性、民间性、农耕性、地域性、原生性、娱乐性和不可替代性的特征引起世人的关注，在中国乃至世界都具有独特的文化地位和文化价值，成为人类社会不可多得的物质及非物质文化遗产。黔东南州的非遗资源非常丰富，且非遗保护工作措施有力。① 主要体现在以下几方面。

（一）建立非物质文化遗产名录保护体系

2009年9月30日，被誉为"天籁之音"的侗族大歌入选联合国"人类非物质文化遗产代表作名录"。

2006年5月20日，国务院公布首批国家级非物质文化遗产代表性项目名录，黔东南州有16个项目入选。此次贵州省共入选31项，黔东南占贵州总数的51.6%。2008年6月7日，国务院公布第二批国家级非物质文化遗产代表性项目名录510项和第一批国家级非物质文化遗产扩展项目名录147项中，黔东南州有24个项目34个保护点入选。此次贵州省共入选40项，黔东南州占贵州总数的60%。2011年5月23日，国务院公布第三批国家级非物质文化遗产代表性项目名录191项和国家级非物质文化遗产扩展项目名录164项中，黔东南州有13个项目15个保护点入选。此次贵州省共入选20项，黔东南州占贵州总数的65%。2014年12月3日，国务院公布第四批国家级非物质文化遗产代表性项目名录，黔东南州有4个项目入选，其中新增项目1个，扩展项目3个。新增项目为黔东南州非遗中心申报的"侗族服饰"，扩展项目为榕江县的"苗族鼓藏节"、镇远县的"报京三月三"、黎平县的"侗族款约"。此次贵州省共入选15项，黔东南州占贵州总数的26.7%。

2005年12月29日，贵州省人民政府公布第一批非物质文化遗产代表性项目91个，黔东南州有40项入选，占贵州省总数的44%，名列市州第一。2007年5月29日，贵州省人民政府公布第二批非物质文化遗产代表性项目202个，黔东南州有100项入选，占贵州省总数的49.5%，名列市州第一。2009年9月30日，贵州省人民政府公布第三批非物质文化遗产代表性项目147个，黔东南州有51项入选，占贵州省总数的34.7%。

2005年12月26日，黔东南州人民政府公布第一批非物质文化遗产代表性项目44个。2007年1月15日，黔东南州人民政府公布78个项目为州级二批非物质文化遗产代表性名录。2009年8月14日，黔东南州人民政府公布63个项

---

① 本部分数据多来源于黔东南州非物质文化遗产保护中心编：《黔东南非物质文化遗产年鉴（2005—2014）》，贵阳，贵州民族出版社，2016。

目为州级第三批非物质文化遗产项目代表性名录。2014 年 6 月 30 日，黔东南州人民政府公布第四批州级非物质文化遗产代表性项目，共有 68 项 82 个保护点，其中新增 44 项，扩展 24 项。

截至 2014 年底，黔东南州共申报成功人类非物质文化遗产名录 1 项、国家级非物质文化遗产项目 53 项 72 个保护点①，省级非物质文化遗产名录 175 项 206 个保护点，州级非物质文化遗产名录 254 项 300 个保护点，县市级非物质文化遗产名录 1203 项。黔东南州已形成了世界级、国家级、省级、州级、县市级五级非物质文化遗产名录保护体系。

（二）建立非物质文化遗产代表性传承人认定体系

在对全州范围内的非物质文化遗产进行保护的过程中，重视对代表性传承人的认定和遴选工作。形成国家级、省级、州级、县市级 4 级传承人体系。

2007 年 6 月 5 日，文化部公布第一批国家级非物质文化遗产项目代表性传承人 226 名，黔东南州有 8 人入选，占全省总数 12 人的 66.7%。2008 年 1 月 26 日，文化部公布第二批国家级非物质文化遗产项目代表性传承人 551 人，黔东南州有 8 名入选，占贵州省总数 25 名的 32%。2009 年 5 月 26 日，文化部公布第三批国家级非物质文化遗产项目代表性传承人 771 人，黔东南州有 5 名入选，占贵州省总数 9 名的 55.6%。2012 年 12 月 21 日，文化部公布第四批国家级非物质文化遗产项目代表性传承人，黔东南州有 5 名入选，占贵州省总数的 45.5%。

2007 年 10 月 15 日，黔东南州有 42 名民间艺人入选第一批省级非物质文化遗产项目代表性传承人，占总数 93 名的 45.2%。2010 年 8 月 9 日，黔东南州有 35 名民间艺人入选贵州省文化厅公布的第二批省级非物质文化遗产项目代表性传承人，占全省总数 105 的 33.3%。2012 年 12 月 28 日，黔东南州有 27 名民间艺人入选第三批省级非物质文化遗产项目代表性传承人，占全省总数的 25.7%。

除积极申报国家级、省级非物质文化遗产项目代表性传承人外，2009 年 6 月 10 日，黔东南州人民政府公布 94 人为"黔东南州民族民间文化优秀传承人"。2012 年 9 月 4 日，黔东南州人民政府公布 100 人为黔东南州第二批非物质文化遗产项目代表性传承人。州级传承人共两批 194 名。

---

① 第五批国家级非物质文化遗产代表性名录于 2020 年 12 月公示，黔东南州新增 3 项，即苗族古瓢舞、嘎百福、凯里酸汤鱼制作技艺，新增扩展项 1 项，即思州石砚制作技艺。

此外，全州各县市级人民政府也分别公布了县市级非物质文化遗产代表性传承人，共1756名。

（三）建立非物质文化遗产生产性保护示范基地

黔东南州共有非物质文化遗产生产性保护示范基地州级5家、省级8家、国家级3家，涉及传统美术、传统技艺、传统医药等三类非物质文化遗产。

2011年10月31日，黔东南州成功申报了石桥黔山古法造纸合作社（皮纸制作技艺）为第一批国家级非物质文化遗产生产性保护示范基地，是贵州省第一家国家级生产性保护示范基地。2011年12月23日，黔东南州成功申报第一批省级非物质文化遗产生产性保护示范基地3家，分别是黔东南州太阳鼓苗侗刺绣有限公司（苗族刺绣）、丹寨县宁航蜡染有限公司（苗族蜡染）、丹寨县卡拉鸟笼制作技艺传习所（鸟笼制作技艺）。2012年10月29日，黔东南州人民政府公布第一批州级非物质文化遗产生产性保护示范基地名单，共有5家入选，分别是黔东南州民族医药研究院（苗侗医药制作工作）、丹寨县排倒莫蜡染专业合作社（苗族蜡染技艺）、台江县芳佤银饰刺绣有限公司（苗族刺绣、苗族银饰锻制技艺）、施秉县舞水云台旅游商品开发有限公司（苗绣）和岑巩县思州石砚有限公司（思州石砚制作工艺）。2013年12月17日，黔东南州成功申报第二批省级非物质文化遗产生产性保护示范基地5家，分别是黔东南州民族医药研究院（苗侗医药制作工作）、贵州亮欢寨餐饮娱乐管理有限公司（苗族酸汤鱼制作技艺）、台江县芳佤银饰刺绣有限公司（苗族刺绣、苗族银饰锻制技艺）、从江高华瑶族药浴服务农民专业合作社（瑶族药浴）、贵州青酒集团有限公司（洞藏青酒酿造技艺）。2014年5月16日，黔东南州丹寨县宁航蜡染有限公司（苗族蜡染）、台江县芳佤银饰刺绣有限公司（苗族刺绣、苗族银饰锻制技艺）入选国家级非物质文化遗产生产性保护示范基地。

（四）成功申报民族文化生态保护实验区

为有效开展黔东南州民族文化整体性保护工作，2012年12月31日，文化部同意在黔东南州设立"黔东南民族文化生态保护实验区"，成为全国18个民族文化生态保护实验区之一，这是全省唯一的国家级民族文化生态保护实验区。2013年8月，贵州省文化厅同意黔东南州设立2个省级民族文化生态保护实验区，即黔东南苗族文化生态保护实验区、黔东南侗族文化生态保护实验区。

（五）建立传习所和传承基地

作为传授和学习非物质文化遗产知识和技艺的重要场所，黔东南州非常重视非物质文化遗产传习所和保护基地建设。截至 2014 年底，黔东南州已建立传习所及传承基地共 316 个，其中传习所岑巩县 4 个、雷山县 5 个、榕江县 2 个、丹寨县 7 个、从江县 65 个、剑河县 3 个、黎平县 13 个、台江 5 县个、黄平县 2 个、凯里市 8 个、锦屏县 5 个、麻江县 2 个、天柱县 7 个、镇远县 8 个；传承基地岑巩县 2 个、雷山县 9 个、榕江县 29 个、丹寨县 2 个、从江县 23 个、剑河县 1 个、黎平县 20 个、台江县 20 个、黄平县 2 个、凯里市 20 个、麻江县 11 个、三穗县 26 个、天柱县 3 个、镇远县 1 个、施秉县 11 个。2012 年 5 月 15 日，黔东南州命名了 4 家苗族刺绣技艺传承保护示范基地。

第二章　黔东南苗族侗族自治州的成立

中华人民共和国是全国各族人民共同缔造的统一的多民族国家。民族区域自治是中国共产党运用马克思列宁主义解决我国民族问题的基本政策，是国家的一项基本政治制度。民族区域自治是在国家统一领导下，在各少数民族聚居的地方实行民族区域自治，设立自治机关，行使自治权。实行民族区域自治，体现了党和国家充分尊重和保障各少数民族管理本民族内部事务权利的精神，体现了国家坚持实行各民族平等、团结和共同繁荣的原则。实行民族区域自治，对发挥各族人民当家做主的积极性，发展平等、团结、互助、和谐的社会主义民族关系，巩固国家的统一，促进民族自治地方和全国社会主义事业的发展，都起了巨大的作用。

第一节　黔东南苗族侗族自治州的筹备与成立

民族区域自治是中国共产党把马克思主义民族理论同中国实际相结合，根据我国各民族的实际制定的解决中国民族问题的一项基本政治制度，是解决民族问题的唯一正确的途径。1949 年通过的具有临时宪法地位的《中国人民政治协商会议共同纲领》明确规定：中华人民共和国境内各民族一律平等，实行团结互助，禁止民族间的歧视、压迫和分裂各民族团结的行为；各少数民族均有发展其语言文字、保持或改革风俗习惯及宗教信仰的自由；各少数民族聚居的地区，应实行民族的区域自治。1954 年颁布实施的第一部《中华人民共和国宪法》正式将各民族平等、团结、互助的原则和民族区域自治制度纳入国家根本大法。

黔东南州建立之前，一些地方曾先后建立过民族民主联合政府，建立了县辖区一级和县一级的民族自治地方，在民族区域自治方面积累了丰富的经验，为自治州的建立奠定了良好的政治基础、思想基础和组织基础。

一、民族区域自治的初步实践

1950 年 10 月，中央人民政府派出以费孝通为团长的中央慰问团来到镇远专区，访问团深入民族村寨，了解群众生产生活，宣传党的民族政策，召开少数民族知识分子座谈会，同时帮助建立民族区域自治地方。[①]

（一）镇远专区民族民主联合政府的建立

在少数民族人口占总人口一半以上的民族地区，在未建立自治地方以前，民族民主联合政府是实现各民族当家做主的有效形式，也是探索民族区域自治的有益尝试。根据贵州省人民政府行政会议通过、经西南军政委员会批准的《贵州省人民政府关于少数民族地区工作的指示》关于设立民族民主联合政府的指示，1951 年 6 月 22 日至 26 日，镇远专区召开了首届各族各界代表会议，与会代表 301 人，其中苗族 94 人，约占 31.2%；侗族代表 64 人，约占 21.2%；其他民族代表 15 人，约占 5%；汉族代表 128 人，约占 42.5%。会议通过了关于进一步团结各兄弟民族等决议，选举产生了镇远专区民族民主联合政府。会议选举吴通明（苗）为镇远专区民族民主联合政府副专员，选举王耀伦（苗族）、龙和甫（侗族）等人为民族民主联合政府委员，苗族、侗族和其他民族人民实现了各少数民族当家做主、自己管理本民族内部事务的愿望，1951 年 6 月 26 日，镇远专区民族民主联合政府宣告成立。

镇远专区民族民主联合政府，虽然不是自治机关，而是作为向民族区域自治过渡的形式，但在黔东南这个少数民族人口占总人口 80% 以上的民族地区，作为实现各民族当家做主的有效形式和向民族区域自治过渡的形式，为自治州的建立奠定了组织、思想和干部基础。

---

① 黄平县地方志编纂委员会编：《黄平县志》，148 页，贵州人民出版社，1993。另据《黔东南州志·政权志（政府分册）》（黔东南苗族侗族自治州地方志编纂委员会编，293 页，贵州人民出版社，2002）记载，费孝通到镇远专区的时间是 1950 年 12 月。

（二）第一个区级民族自治地方——炉山县凯里苗族自治区的建立

自治州境内建立的第一个区一级（县辖区）民族自治地方是炉山县凯里苗族自治区。1950年11月15日，中央民族访问团在费孝通团长率领下到达炉山县，对炉山县境内的炉山、湾水、旁海、万潮、凯里等民族乡镇进行慰问。在中央访问团的帮助下，1951年1月25日，炉山县凯里区各族人民代表会议召开，27日，炉山县凯里苗族自治区成立，[①] 经与会152人民主选举，顾怀安（苗族）当选为区长，12人当选为政府委员，其中苗族8人，占66.7%。2月26日，还成立舟溪、悦平、化铅3个苗族自治乡（1953年调整行政区划时撤销）。

1952年9月，根据《中华人民共和国民族区域自治实施纲要》的规定，在炉山县苗族自治区人民政府成立后，炉山县凯里苗族自治区被撤销。炉山县凯里苗族自治区区域虽小，但为以后建立县一级和州一级民族区域自治地方做了有益的尝试。

（三）县级自治地方的建立

为了积累民族区域自治的经验，完善民族区域自治制度，为黔东南苗族侗族自治州的建立打下基础，从1952年到1955年，黔东南地区先后建立了炉山苗族自治县、丹寨苗族自治县、台江苗族自治县、雷山苗族自治县4个县级民族区域自治地方。

1.炉山苗族自治县

炉山县是少数民族聚居区，解放初期全县总人口12万余人，苗族占75%，其他少数民族占8%。1950年9月，中央民族访问团第三分团到达炉山县。1951年1月25日，在访问团和国家民委、省民委的帮助下，炉山县凯里区各族人民代表会议召开。27日，凯里苗族自治区成立。

1951年6月11日至17日，召开炉山县第一届第一次各族各界人民代表会议，建立炉山县民族民主联合政府。王占先（苗族）被选为县长，选出政府委员25人，其中苗族等少数民族委员占52%。[②]

---

① 炉山县凯里苗族自治区成立的时间各种文献记载时间不一，《凯里市志》（贵州省凯里市地方志编纂委员会编，216页，北京，方志出版社，1998）记载时间是1951年1月27日，而《黔东南州志·民族志》（黔东南苗族侗族自治州地方志编纂委员会编，447页，贵阳，贵州人民出版社，2000）和《黔东南苗族侗族自治州概况》（98—99页，北京，民族出版社，2008）记载时间是1950年11月25日，现从《凯里市志》的记载，具体待考。

② 贵州省凯里市地方志编纂委员会编：《凯里市志》，216页，北京，方志出版社，1998。

1952 年 9 月 9 日，根据贵州省人民政府《关于炉山县为建立县级的民族区域自治区重点县》的精神，县委、县人民政府成立炉山县苗族自治区筹备委员会，邀请各族各界代表 69 人，其中苗族 53 人，推选王占先（苗族）为主任，吴朝瑜（苗族）为秘书。筹委会成立后，成员认真学习《政务院关于保障一切散居的少数民族成员享有民族平等权利的决定》及中央民族事务委员会李维汉主任委员所做"有关民族政策若干问题"的报告等文件精神，一致拥护政务院 125 次会议通过的《民族自治区域实施纲要》。9 月 15 日，省民委副主任王林岗带队到达炉山，帮助和指导炉山县制定成立区域自治政府实施方案。

1952 年 9 月 26 日至 30 日，炉山县第二届第一次各族各界人民代表会议召开，实际与会代表 294 人，其中苗族 181 人，约占 61.56%；汉族 105 人，约占 35.71%；其他民族代表 8 人，约占 2.72%。会议选举产生炉山县苗族自治区人民政府委员会，王占先（苗族）为县长，胡中章、吴朝明（苗族）为副县长，政府委员 23 人，其中苗族等少数民族委员占 82.6%。同月 30 日，自治区人民政府宣告成立。

1955 年 1 月 7 日，根据《中华人民共和国宪法》规定，炉山县苗族自治区改为炉山苗族自治县，炉山县苗族自治区人民政府改为炉山苗族自治县人民政府。同年 4 月，召开炉山县第一届人民代表大会第五次会议，选举王占先（苗族）为县长，史启道、吴朝明（苗族）为副县长，选举 18 人为县人民委员，其中苗族等少数民族委员占 61.11%。1956 年 7 月，黔东南苗族侗族自治州建立，撤销炉山苗族自治县，设凯里县。

2. 丹寨苗族自治县

丹寨县是苗族人口聚居区，苗族人口占绝大多数。1951 年 6 月 21 日至 26 日，召开丹寨县第一届第一次各族各界人民代表会议，出席会议的苗、汉、彝族代表 251 人。通过协商和民主选举，建立丹寨县各族民主联合政府，潘德修（苗族）当选为副县长。21 名政府委员中，苗族 11 人，汉族 9 人，彝族 1 人。

1952 年，根据《中国人民政治协商会议共同纲领》第五十一条"各少数民族聚居的地区，应实行民族的区域自治"和《中华人民共和国民族区域自治实施纲要》的规定，于 12 月 1 日至 7 日召开县第二届第一次各族各界人民代表会议，出席会议的苗、汉、水、彝各族代表 275 人。通过选举成立丹寨苗族自治区人民政府（1953年6月22日改称丹寨县苗族自治区人民政府），选举王德安（苗族）为县长，魏启昭、余治良（苗族）为副县长。31名政府委员中，苗族19人，汉族9人，彝族、水族、瑶族各1人。同时选举成立丹寨苗族自治区人民代表会议常务委员会，主任王德安（苗族），副主任刘文修、余治良（苗族）。37名常务委员中，少数民族25人。

1955年4月22日至26日，召开丹寨县苗族自治区第一届人民代表大会第二次会议，根据《中华人民共和国宪法》的规定，通过决议将丹寨县苗族自治区改名为丹寨苗族自治县，将丹寨县苗族自治区人民政府改名为丹寨苗族自治县人民委员会，选举王德安（苗族）为县长，魏启昭、余治良（苗族）为副县长。县人民委员会委员19人中，苗族12人，汉族5人，水族、瑶族各1人。1956年7月，黔东南苗族侗族自治州建立后，撤销丹寨苗族自治县，设丹寨县。

3. 台江苗族自治县

台江原称台拱，一直是苗族人口高度聚集区。清代及民国时期，苗族被人歧视，有的隐瞒谎报为汉族。据民国二十八年（1939）的统计，全县总人口为59751人，苗族人口为32234人，只占总人口的53%，民国二十五年（1936）至三十八年（1949）的统计，报为苗族的只有50%左右，均未超过60%。中华人民共和国成立后，贯彻中国共产党的民族政策和实行民族平等政策，隐瞒谎报为汉族的少数民族纷纷恢复民族成分。据1953年统计，全县总人口为68096人，其中苗族62562人，占总人口的91.87%。1952年10月，中共镇远地委为贯彻执行党的民族政策，开始酝酿成立台江苗族自治区。为做好民族区域自治政策的宣传活动，12月13日，镇远地委、行署召开筹备会议，制订工作方案，抽调干部55人，配合国家民委派来的民族文工团、西南及贵州民族歌舞团部分团员组成工作团，深入台江各乡村，召开村干和积极分子会议以及群众大会和各阶层人士会议，反复宣传党的民族区域自治政策。

1953年1月1日至7日，台江召开首届各族各界人民代表会议，与会代表303人，其中苗族244人，占80.5%，汉族50人，占16.5%，其他民族9人，占3%。会议选举刘昌淮（苗族）为县长，杨翁丁（苗族）、朱明为副县长，选举刘昌淮、杨翁丁等17人为自治区人民政府委员会委员。7日，在县城大操场举行台江县苗族自治区成立大会，参加庆祝大会的有中央民族事务委员会副主任萨空了，省人民政府和镇远行署领导，镇远专区各县代表团等近万人。

1955 年 4 月 25 日至 27 日，召开首届人民代表大会第二次会议，根据《地方各级人民委员会组织法》规定，将台江县苗族自治区改为台江苗族自治县，自治区人民政府改为自治县人民政府，县长刘昌淮（苗族）。1956 年 7 月，黔东南苗族侗族自治州建立后，撤销台江苗族自治县，设台江县。

4. 雷山苗族自治县

1953 年 1 月，中共雷山县委根据《中华人民共和国民族区域自治实施纲要》的规定，向雷山县各族各界人民代表会议提出："实行以苗族为基础的县级区域自治"的建议，经雷山县各族各界人民代表会议审议通过，决定成立雷山县苗族区域自治政府。1953 年 3 月，雷山县成立以李新三、李焕培（苗族）、王光泽（苗族）等 51 人组成的"雷山县苗族自治区筹备委员会"，分赴各乡镇宣传民族区域自治政策，宣讲苗族当家做主的政治意义。经过 3 个月的工作，响楼、西江、大塘 3 个乡镇苗族区域自治政府成立，选举产生正副乡镇长、政府委员。1954 年 4 月 10 日前，基层选举结束，选举产生的县人民代表 197 人，其中苗族 164 人，占 83%。

1954 年 6 月 28 日，雷山县苗族自治区第一届人民代表大会第一次会议召开，会议代表 195 人，其中苗族代表 164 人，侗族代表 1 人，少数民族代表占总数的 84.6%。选举成立雷山县苗族自治区人民政府组成人员，选举李焕培（苗族）为雷山县苗族自治区县长，吕撞川、杨昌伦（苗族）为副县长。选举王光泽等 22 人为自治区人民政府委员。7 月 4 日，自治区人民政府宣告成立，近万人在丹江城西门体育场举行盛大庆祝活动。

1955 年 8 月 19 日至 21 日，雷山县第一届人民代表大会第三次会议举行，根据《中华人民共和国地方各级人民代表大会和地方各级人民委员会组织法》的规定，决定将雷山县苗族自治区改为雷山苗族自治县，自治区人民政府改为自治县人民政府。1956 年 7 月，黔东南苗族侗族自治州建立后，撤销雷山苗族自治县，设雷山县。

炉山、丹寨、台江、雷山 4 个苗族自治县的建立，是民族区域自治制度在黔东南这块土地上的一次伟大实践，它是少数民族当家做主，管理本民族内部事务的一次有益的尝试，为自治州的建立奠定了组织、思想和干部基础，巩固和发展了黔东南地区各民族平等、团结、互助的社会主义民族关系，为实现各民族的共同发展繁荣进行了有效的实践。

二、筹备成立黔东南苗族侗族自治州

黔东南是一个以苗族侗族人口占多数的多民族杂居的地区，根据1955年底统计，全地区少数民族人口占总人口的67%以上。在这样一个少数民族地区，实行民族区域自治是保障平等、团结、互助的社会主义民族关系进一步发展，实现各民族共同繁荣的根本保证。1954年11月，中共镇远地委、镇远行政专员公署向党中央、国务院和贵州省委、省政府提交了关于建立黔东南苗族侗族自治州的报告。

贵州省民族委员会遵照中央、贵州省委和省人民委员会的指示，起草了关于建立黔东南苗族侗族自治州的初步方案，经征求各有关方面的意见后，报送贵州省人民委员会。1956年2月17日，由贵州省人民委员会正式向国务院报送关于成立黔东南苗族侗族自治州的请示。同年4月13日，国务院第二十七次全体会议根据黔东南各族人民的意愿和要求，通过了关于设置"贵州省黔东南苗族侗族自治州"的决定和关于"黔东南苗族侗族自治州行政区划"的决定，撤销镇远专区，余庆县划归遵义专区，将原都匀专区所辖的麻江、丹寨、从江、榕江、黎平5个县划归黔东南苗族侗族自治州，全州共辖镇远、黄平、施秉、三穗、岑巩、天柱、锦屏、黎平、从江、榕江、剑河、麻江12个县和雷山、台江、凯里（炉山）、丹寨4个苗族自治县，共16个县。当时总人口181万，其中苗族占总人口的37%，侗族占24%，汉族占32%，其他少数民族占7%。

此后，在中央统战部、国家民委和中共贵州省委的指导、贵州省人民委员会的领导下，中共镇远地委和镇远专署开始了建州的具体筹备工作。

为使建州的各项工作顺利进行，1956年4月21日，贵州省人民委员会举行第十次会议，通过贵州省黔东南苗族侗族自治州筹备工作委员会组成人员名单。同年5月5日至10日，在镇远召开了黔东南苗族侗族自治州筹备委员会成立大会暨第一次会议，地委书记张玉环任筹委主任委员，王德安（苗族）、梁旺贵（侗族）等任副主任委员。筹委会全体委员就自治州第一届州人民代表大会的组成、

自治州首府、自治条例的草拟以及《黔东南苗族侗族自治州组织条例》等重点问题进行广泛协商，取得一致意见。筹委会经过认真研究，决定 7 月 23 日为建州日，先在镇远举行建州庆典，然后再迁凯里。

（一）黔东南苗族侗族自治州首府所在地的确定

"凯里"系苗语 kali 的音译，意为"木佬人的田"。在黔东南州成立前夕，在选择州府所在地时，中央曾先后派人到镇远、施秉双井、台江施洞、黄平旧州、天柱、黎平、炉山凯里等地考察，专家们认为，镇远没有苗族；镇远、施秉双井、台江施洞的地势较窄，不利于长远的发展；黄平旧州地势平坦，但交通不便；黎平、天柱虽然宽阔，但不居中；凯里交通便利（湘黔铁路当时正在规划筹建之中），水资源和矿藏资源都比较丰富，地势开阔，还是炉山的产粮区，同时又是第一个建立苗族自治区的地方。所以，州府所在地最终选定为凯里。

（二）代表名额的分配

根据《中华人民共和国宪法》和《全国人民代表大会及地方各级人民代表大会选举法》第 28 条的规定"各民族自治区的各级人民代表大会代表名额，均依各民族自治区的行政地位和人口做适当规定，报请上级批准之"，结合黔东南地区的实际情况，确定了在全州 16 个县及中国人民解放军镇远军分区共 17 个选举单位，应选出黔东南州第一届人民代表大会代表人数 259 名。依照选举法第七章第 47 条规定的"全国和地方各级人民代表大会的代表候选人，均按选举区域或选举单位提出"之精神，各县于 5 月中旬召开县人民委员会会议，军分区亦召开有关会议提出了候选人名单，再由各县人民代表大会和部队军人代表会议反复酝酿讨论，然后正式提出。各县代表的选举结果：黎平 31 名、天柱 25 名、锦屏 14 名、三穗 22 名、黄平 21 名、炉山 19 名、榕江 18 名、从江 22 名、麻江 17 名、镇远 16 名、剑河 13 名、岑巩 12 名、丹寨 12 名、台江 10、施秉 9 名、雷山 8 名，镇远军分区 6 名，共计 265 名。代表选取原则：全州 16 个县依照地区、人口和各民族的分布情况，按人口每 6000 人至 8000 人选代表 1 名的比例，应选代表 259 名，加上镇远军分区代表 6 名，共计 265 名。在代表中，共有 14 个民族，其中苗族 99 名，侗族 64 名，汉族 73 名，布依族 4 名，水族、瑶族等其他民族 19 名。在选出的代表中，少数民族占相当比例，体现了在民族自治区域内少数民族当家做主的精神。

三、黔东南苗族侗族自治州的成立

1956 年 7 月 15 日至 23 日，黔东南苗族侗族自治州第一届人民代表大会第一次会议在镇远县城召开。应出席会议代表 265 人，请假 11 人，实际与会代表 254 人，其中，苗族代表 101 人，占 39.8%；侗族代表 63 人，占 24.8%；汉族代表 77 人，占 30.3%；其他民族代表 13 人，占 5.1%。中央祝贺团团长、国家民委副主任萨空了，全国人大常委会民族委员会委员田富达，贵州省祝贺团团长、中共贵州省委书记、省长周林，副团长欧百川、石新安、王家烈、王天锡、李公侠、王林岗等前来祝贺。[①] 16 日，会议通过大会代表资格审查委员会名单。中共镇远地委书记张玉环作《关于黔东南地区解放六年来的工作情况和 1956 年的工作意见》的报告。17 日至 20 日，会议分组讨论《工作报告》，酝酿提案，会议通过了《黔东南苗族侗族自治州人民代表大会组织条例》和《黔东南苗族侗族自治州人民委员会组织条例》。21 日至 22 日，会议反复讨论州人民委员会委员候选人名单、选举程序以及监票人、计票人名单。

7 月 23 日，会议选举产生了州人民政府州长、副州长和人民委员会委员、州中级人民法院院长。选举王德安（苗族）为自治州州长，梁旺贵（侗族）、吴朝明（苗族）、刘学民、王耀伦（苗族）、杨富和（侗族）为自治州副州长，张玉环、张金屏、王友莲（布依族，女）、王安民（苗族）等 36 人为州人民政府委员会委员，其中，苗族委员 12 人，占 33.3%；侗族委员 10 人，占 27.8%；汉族委员 8 人，占 22.2%；其他民族共 6 人，占 16.7%。会议还选举了杨再荣（苗族）为州中级人民法院院长。

---

① 王德安：《黔东南自治州盛开民族之花——王德安回忆录》，见《党的民族政策在黔东南的实践》，250 页，贵阳，贵州民族出版社，2006。

图2-1　中央代表团团长向当选黔东南苗族侗族自治州首任州长的

王德安表示祝贺

图2-2　贵州省委书记、省长周林在黔东南苗族侗族自治州成立大会上讲话

　　7月24日，在镇远召开建州庆祝大会。古城镇远万人空巷，云集会场。中央代表团团长萨空了在庆祝会上讲话，贵州省代表团团长周林、副团长欧百川、州长王德安、副州长梁旺贵也分别讲了话。张玉环代表中共黔东南地委、蒋光荣代表妇女界在会上发言。会后，举行了盛大的游行活动和篮球、排球、跑马比赛以及文艺晚会等活动。潕阳河畔的篝火一直燃烧到天明，苗族飞歌、侗族大歌以及山歌、酒歌等久久地在古城镇远的上空回荡。

图2-3　黔东南苗族侗族自治州第一届人民委员会州长、副州长与委员合影

图2-4　黔东南苗族侗族自治州第一届人民代表大会全体代表合影

　　1956年7月23日，黔东南苗族侗族自治州的正式成立，标志着在中国共产党的领导下，黔东南各族人民实现了民族区域自治。

四、民族区域自治的有力补充：黔东南州民族乡的设置

　　《中华人民共和国民族区域自治法》第十二条规定：民族自治地方内其他少数民族聚居的地方，建立相应的自治地方或者民族乡。民族乡是民族区域自治制度的补充形式。从1954年设立从江县高芒瑶族乡、榕江县料里水族乡等开

始，到 1958 年 7 月，全州先后为水族、壮族、瑶族、布依族、土家族等建立了
12 个民族乡，同时采取特殊政策和灵活措施，帮助这些少数民族发展经济。中
共十一届三中全会以后，根据党的民族政策，自治州的自治机关恢复了部分民族
乡，新建了部分民族乡，到 1991 年年底，全州共有民族乡 23 个。1992 年"建
镇并乡撤区"以后，全州共保留 17 个民族乡，含 2 个享受民族乡待遇的镇。其
中榕江县最多，有 6 个民族乡，从江县和麻江县各 3 个，黎平县 2 个，雷山县、
岑巩县、镇远县各 1 个，它们分别是：榕江县塔石瑶族水族乡、榕江县仁里水族
乡、榕江县三江水族乡、榕江县定威水族乡、榕江县兴华水族乡、榕江县水尾水
族乡、从江县秀塘壮族乡、从江县刚边壮族乡、从江县翠里瑶族壮族乡、麻江县
贤昌布依族乡（2013 年 2 月，由贤昌布依族乡撤乡设镇）、麻江县景阳布依族乡
（2013 年 2 月，由景阳布依族乡和谷硐镇合并建镇）、麻江县坝芒布依族乡、黎
平县顺化瑶族乡、黎平县雷洞瑶族水族乡、雷山县达地水族乡、岑巩县桥土家族
乡和镇远县尚寨土家族乡。

第二节　民族区域自治与自治权行使

一、自治机关建设

在各少数民族聚居的地方实行区域自治，设立自治机关是《中华人民共和国
民族区域自治法》所规定的重要内容。依据《宪法》规定的民主集中制和人民代
表大会制的基本原则，自治州的自治机关是自治州人民代表大会和自治州人民政
府，是在党和国家统一领导下的一级地方国家政权机关。

1956 年 7 月 15 日至 23 日，黔东南苗族侗族自治州第一届人民代表大会第
一次会议在镇远举行，会议根据《中华人民共和国宪法》和《黔东南苗族侗族自
治州人民代表大会组织条例（草案）》《黔东南苗族侗族自治州人民委员会组织
条例（草案）》的规定，设立和选举产生了黔东南苗族侗族自治州人民代表大会
和黔东南苗族侗族自治州第一届人民委员会，组建了黔东南苗族侗族自治州人民
政府，王德安（苗族）、张玉环等 36 人当选州人民委员会委员，王德安（苗族）

当选州人民政府州长，梁旺贵（侗族）等当选为副州长。自治机关的设立，标志着黔东南各族人民实现了千百年来梦寐以求的当家做主的愿望。

从1956年到1966年以前的10年里，前后召开了6届自治州人民代表大会，选举产生了6届州人民委员会，州人民委员会根据宪法赋予的自治权做了大量卓有成效的工作，取得了很大的成绩。

在"文化大革命"期间，民族政策和民族区域自治制度走过了一段曲折的道路。

"文化大革命"结束后，民族工作重新走上正确轨道。1981年9月29日至10月6日，黔东南苗族侗族自治州第七届人民代表大会第一次会议在凯里召开。会议根据《中华人民共和国宪法》《中华人民共和国选举法》和《中华人民共和国地方组织法》的规定，重新设立了自治州人民政府，选举产生了黔东南苗族侗族自治州人民代表大会常务委员会组成人员和黔东南苗族侗族自治州人民政府正、副州长，选举刘昌淮（苗族）为州人大常委会主任，选举吴邦建（侗族）为州人民政府州长。

同时，自治机关还根据境内其他少数民族的意愿和要求，相继在从江、榕江、雷山、丹寨、麻江、黎平、镇远、岑巩等县恢复和组建了水族、布依族、壮族、瑶族、土家族等少数民族民族乡23个，1992年"建并撤"时，23个民族乡调整为17个。

1986年4月25日至5月2日，黔东南苗族侗族自治州第八届人民代表大会在凯里举行，根据《中华人民共和国民族区域自治法》第十六条"民族自治地方的人民代表大会常务委员会中应当有实行区域自治的民族的公民担任主任或者副主任"、第十七条自治州州长"由实行区域自治的民族的公民担任"之规定，大会选举吴寿通（苗族）为州人大常委会主任，陆光玉（侗族）、蒋光荣（侗族）、杨敬（苗族）、杨玉楼（侗族）、吴绍文（苗族）、吴培信（侗族）、郭景福为副主任；选举吴邦建（侗族）为州人民政府州长，吴德海（苗族）、刘镜光、姚茂森（侗族）、汪奕义、王登齐（苗族）为副州长。

1991年4月19日至26日，黔东南苗族侗族自治州九届人大一次会议召开，大会选举吴寿通（苗族）为州人大常委会主任，杨胜松、胡化民、张仁富、蒋光荣（侗族）、吴培信、刘镜光、杨定南、杨广贤为副主任；选举姚茂森（侗族）

为州人民政府州长，杨东胜、王登齐（苗族）、石荣乾（侗族）、潘永斌（苗族）、杨叔驹（侗族）、单洪根（苗族）为副州长。

1996年6月27日至7月7日，州十届人民代表大会第一次会议召开，选举吴才运（侗族）为州人大常委会主任，王登齐（苗族）、杨叔驹（侗族）、王国辉（苗族）、潘文兰（苗族）、廖臻瑞、杨正雄（苗族）为副主任；王正福（苗族）为州人民政府州长，杨东胜、张锦林、陈锡望、杨正国（侗族）、刘启云（苗族）为副州长。

2001年4月3日，州十一届人大一次会议在凯里召开。会议选举粟多能（侗族）为州人大常委会主任，潘文兰（苗族）、杨叔驹（侗族）、杨正雄（苗族）、欧阳武（苗族）、沈光昶、杨祖权（侗族）、杨谷生（瑶族）、莫章海（侗族）为副主任；选举刘晓凯（苗族）为州人民政府州长，龚绍涛、陈锡望、王先琼（侗族）、梁承祥（侗族）、杨正明（苗族）为副州长。

2007年2月4日至10日，州第十二届人民代表大会第一次会议在凯里召开，选举罗亮权（苗族）为州人大常委会主任，石干昌、欧阳武（苗族）、杨祖权（侗族）、杨谷生（瑶族）、莫章海（侗族）、潘玉凤（女、苗族）、唐斌（侗族）为副主任；选举李飞跃（侗族）为州政府州长，李再勇（仡佬族）、张仕福、梁承祥（侗族）、王德玉（苗族）、姜学东（侗族）、杨胜勇（侗族）、刘晓春为副州长。

2012年2月10日至14日，州第十三届人大一次会议召开，选举罗亮权（苗族）为州人大常委会主任，石干昌、莫章海（侗族）、潘玉凤（苗族）、唐斌（侗族）、杨俊（侗族）、杨秀锡（侗族）、龙世勇（苗族）、陈英华（侗族）为副主任。选举李飞跃（侗族）为州长，冯仕文（苗族）、黄秋斌、姜学东（侗族）、刘晓春、陈应勇、潘亮（苗族）、洪金洲为副州长。

2017年2月14日至20日，黔东南州第十四届人民代表大会一次会议召开，大会选举耿生茂（侗族）为州人大常委会主任，陈英华（侗族）、吴明（苗族）、龙黔清、李正相（侗族）、孟凡明（壮族）、吴锡锋（苗族）、姜庭桂（苗族）为副主任。选举冯仕文（苗族）为黔东南州人民政府州长，张定超、陈应勇、肖明龙、吴坦（穿青人）、江朝伦（苗族）、胡国珍（侗族）、吴智贤为副州长。

二、《黔东南苗族侗族自治州自治条例》及单行条例的制定

（一）《黔东南苗族侗族自治州自治条例》的颁布及其修改

自治条例是指由民族自治地方的人民代表大会制定的、有关本地方实行区域自治的组织和活动原则、自治机关的构成和职权等内容的综合性的规范性文件。立法自治权是自治机关自治权的关键。《中华人民共和国宪法》第一百一十五条规定："自治区、自治州、自治县的自治机关行使宪法第三章第五节规定的地方国家机关的职权，同时依照宪法、民族区域自治法和其他法律规定的权限行使自治权，根据本地方实际情况贯彻执行国家的法律、政策。"也就是说，除了可以行使和它同级的一般地方国家机关的职权外，还可以行使自治权。《中华人民共和国宪法》第一百一十六条、《中华人民共和国民族区域自治法》第十九条、《中华人民共和国立法法》第七十五条之规定，民族自治地方的人民代表大会有权依照当地民族的政治、经济和文化的特点，制定自治条例和单行条例。也就是说民族自治地方的人民代表大会有权制定自治条例和单行条例，并结合当地民族的政治、经济、文化、社会特点，经上级国家机关批准，对现有法律进行变通和补充。

在《黔东南苗族侗族自治州自治条例》颁布之前，也有些结合当地实际的规定。如在农业合作化中，注重民族政策的运用。1957年4月，自治州人民代表大会通过了《高级农业生产合作社具体问题处理的补充规定》，规定苗族的"游方坡"、姊妹坡、斗牛场、芦笙场等特殊用地"一律不入社"；少数民族特需的棉花地、蓝靛地、麻园地"可根据实际需要，按户留给社员自己经营"；农业社在安排农业生产时给少数民族妇女一定的"服饰制作时间"。

1981年9月，黔东南苗族侗族自治州第七届人民代表大会第一次会议在凯里举行，会议决定起草《黔东南苗族侗族自治州自治条例》(以下简称《自治条例》)，正式拉开了黔东南州民族法制建设的帷幕。《自治条例》先后17次易其稿，共10章70条，对自治州的自治机关和审判、检察机关的组成和权限、经济建设、财政管理、教育事业、科学、文化、卫生、体育事业，对州内特别贫困地区的扶持和帮助，职工队伍建设、民族关系等作了明确的规定。1987年4月20日，黔东南苗族侗族州第八届人民代表大会第二次会议审议通过了《自治条例》，1987

年7月16日贵州省六届人大常委会第25次会议批准，于1988年1月1日起施行。

2001年9月起，根据新修订的《中华人民共和国民族区域自治法》，黔东南苗族侗族自治州自治机关也对《自治条例》进行修改。经过反复讨论，数易其稿，于2006年3月25日黔东南州第十一届人民代表大会第七次会议通过修改后的《自治条例》，2006年5月26日经贵州省第十届人大常务委员会第21次会议批准施行。2020年4月29日黔东南苗族侗族自治州第十四届人民代表大会第五次会议修订，2020年7月31日贵州省第十三届人民代表大会常务委员会第十八次会议批准，2020年10月1日起施行。《自治条例》第六十八条规定，每年7月23日为自治州成立纪念日，全州公民放假2天。自治州尊重各民族的传统节日，规定每年农历十月初七苗年、农历十一月初一侗年，全州公民各放假1天。自治州成立纪念日、苗年或者侗年如果适逢星期六、星期日，应当在工作日补假。

（二）单行条例的制定

单行条例是指民族自治地方的人民代表大会在自治权的范围内，根据当地民族的政治、经济和文化特点，制定的关于某一方面具体事项的规范性文件。20世纪90年代，依据宪法和法律赋予的自治权，黔东南苗族侗族自治州开展了单行条例和其他管理规定的制定工作，先后颁布并实施了《黔东南苗族侗族自治州个体工商户企业条例》《黔东南苗族侗族自治州档案管理条例》等一系列单行条例，具体分述如下。

1.《黔东南苗族侗族自治州个体工商户企业条例》

为了促进个体私营经济快速健康发展，加强对个体工商户、私营企业的管理，保护其合法权益，根据有关法律、法规和本州自治条例，制定本条例。该条例于1999年3月31日由黔东南州第十届人民代表大会第五次会议通过，1999年5月30日经贵州省第九届人大常务委员会第九次会议批准，1999年7月1日起施行。

2.《黔东南苗族侗族自治州档案管理条例》

为了加强档案管理，有效地保护和利用档案，为地方经济建设和社会发展服务，根据《中华人民共和国档案法》及有关法律、法规的规定，结合自治州实际，制定本条例。该条例于2000年3月30日由黔东南苗族侗族自治州第十届人民代表大会第六次会议通过，2000年5月27日经贵州省第九届人民代表大会常务委员会第十六次会议批准，2000年10月1日起施行。

3.《黔东南苗族侗族自治州农村消防条例》

为加强农村消防工作，预防和减少火灾危害，保护人民生命财产安全，根据《中华人民共和国民族区域自治法》《中华人民共和国消防法》等有关法律、法规的规定，结合自治州实际，制定本条例。该条例于2002年3月29日由黔东南州第十一届人民代表大会第二次会议通过，2002年4月1日经贵州省第九届人大常务委员会第二十八次会议批准，2002年8月1日起施行。

4.《黔东南苗族侗族自治州㵲阳河风景名胜区管理条例》

为加强对㵲阳河风景名胜区的管理，有效地保护和开发风景区资源，促进本州经济和社会的可持续发展，根据《中华人民共和国民族区域自治法》及有关法律法规的规定，结合实际，制定本条例。该条例于2003年3月29日由黔东南州第十一届人民代表大会第四次会议通过，于2003年7月26日经贵州省第十届人大常务委员会第三次会议批准，2003年10月1日起施行。

5.《黔东南苗族侗族自治州里禾水库水资源保护条例》

为加强对里禾水库水资源的保护，合理开发和利用水资源，充分发挥里禾水库水资源对凯里居民生活用水、农田灌溉和防洪的功能，根据《中华人民共和国民族区域自治法》《中华人民共和国水法》及有关法律法规的规定，结合实际，制定本条例。该条例于2004年3月30日由黔东南州第十一届人民代表大会第五次会议通过，2004年5月28日经贵州省第十届人大常务委员会第八次会议批准，2004年8月1日起施行。

6.《黔东南苗族侗族自治州城镇建设管理条例》

为加强城镇建设管理，增强城镇功能，改善城镇生态环境和居民生活环境，促进经济社会发展，根据《中华人民共和国民族区域自治法》《中华人民共和国城市规划法》及有关法律、法规的规定，结合实际，制定本条例。该条例于2005年3月25日由黔东南苗族侗族自治州第十一届人民代表大会第六次会议通过，2005年5月27日经贵州省第十届人民代表大会常务委员会第十五次会议批准，2005年8月1日起施行。

7.《黔东南苗族侗族自治州民族文化村寨保护条例》

为加强民族文化村寨的规划、保护、建设、管理和利用，根据《中华人民共和国民族区域自治法》及有关法律、法规的规定，结合实际，制定本条

例于 2008 年 2 月 28 日由黔东南州第十二届人民代表大会第三次会议通过，2008
年 5 月 30 日经贵州省第十一届人大常务委员会第二次会议批准，2008 年 6 月
23 日由黔东南州人民代表大会常务委员会公告公布，2008 年 9 月 1 日起施行。
2020 年 4 月 29 日由黔东南苗族侗族自治州第十四届人民代表大会第五次会议对
原条例进行修订，2020 年 9 月 25 日经贵州省第十三届人民代表大会常务委员会
第十九次会议批准，2021 年 1 月 1 日起施行。

8.《黔东南苗族侗族自治州镇远历史文化名城保护条例》

为加强对镇远历史文化名城的保护和管理，根据《中华人民共和国民族区
域自治法》及有关法律、法规的规定，结合实际，制定本条例。该条例于 2009
年 2 月 26 日由黔东南苗族侗族自治州第十二届人民代表大会第四次会议通过，
2009 年 5 月 27 日经贵州省第十一届人民代表大会常务委员会第八次会议批准，
2009 年 9 月 1 日起施行。

9.《黔东南苗族侗族自治州城乡规划建设管理条例》

为加快城镇化进程，加强城乡规划建设管理，促进经济社会可持续发展，根
据《中华人民共和国民族区域自治法》《中华人民共和国城乡规划法》等有关法律、
法规的规定，结合自治州实际，制定本条例。该条例于 2013 年 1 月 4 日由黔东
南苗族侗族自治州第十三届人民代表大会常务委员会第三次会议通过，2013 年
5 月 31 日经贵州省第十二届人民代表大会常务委员会第二次会议批准，2013 年
8 月 1 日起施行。

10.《黔东南苗族侗族自治州促进非公有制经济发展条例》

为了促进非公有制经济发展，加强对非公有制经济的扶持、保护和服务，根
据《中华人民共和国民族区域自治法》及有关法律、法规的规定，结合自治州实
际，制定本条例。该条例于 2014 年 1 月 25 日由黔东南苗族侗族自治州第十三届
人民代表大会第四次会议通过，2014 年 3 月 19 日经贵州省第十二届人民代表大
会常务委员会第八次会议批准，2014 年 5 月 1 日起施行。

11.《黔东南苗族侗族自治州苗医药侗医药发展条例》

为了继承和发扬传统医药学，充分发挥自治州苗医药、侗医药资源优势，促
进苗侗医药事业发展，根据《中华人民共和国民族区域自治法》等有关法律、法
规的规定，结合自治州实际，制定本条例。该条例于 2014 年 1 月 25 日由黔东南

苗族侗族自治州第十三届人民代表大会第四次会议通过，2014 年 7 月 31 日经贵州省第十二届人民代表大会常务委员会第十次会议批准，2014 年 10 月 1 日起施行。

12.《黔东南苗族侗族自治州立法条例》

为了规范自治州的立法活动，提高立法质量，根据《中华人民共和国民族区域自治法》《中华人民共和国地方各级人民代表大会和地方各级人民政府组织法》《中华人民共和国立法法》等法律、法规的规定，结合自治州实际，制定本条例。该条例于 2017 年 2 月 18 日由黔东南苗族侗族自治州第十四届人民代表大会第一次会议通过，2017 年 3 月 30 日经贵州省第十二届人民代表大会常务委员会第二十七次会议批准，2017 年 5 月 1 日起施行。

13.《黔东南苗族侗族自治州农村消防条例》

为加强农村消防工作，根据《中华人民共和国民族区域自治法》《中华人民共和国消防法》及有关法律、法规的规定，结合本州农村消防工作实际，制定本条例。该条例于 2017 年 2 月 18 日由黔东南苗族侗族自治州第十四届人民代表大会第一次会议通过，2017 年 8 月 3 日经贵州省第十二届人民代表大会常务委员会第二十九次会议批准，2017 年 10 月 1 日起施行。2002 年 3 月 29 日由黔东南苗族侗族自治州第十一届人民代表大会第二次会议通过，2002 年 5 月 26 日贵州省第九届人民代表大会常务委员会第二十八次会议批准的《黔东南苗族侗族自治州农村消防条例》同时废止。

14.《黔东南苗族侗族自治州锦屏文书保护条例》

为了有效保护和利用锦屏文书，根据《中华人民共和国民族区域自治法》《中华人民共和国档案法》《中华人民共和国文物保护法》等有关法律法规的规定，结合自治州实际，制定本条例。该条例于 2018 年 8 月 30 日由黔东南苗族侗族自治州第十四届人民代表大会常务委员会第十二次会议通过，2018 年 11 月 29 日经贵州省第十三届人民代表大会常务委员会第七次会议批准，2019 年 3 月 1 日起施行。

15.《黔东南苗族侗族自治州月亮山梯田保护条例》

为了加强月亮山梯田保护，促进梯田永续利用，根据《中华人民共和国土地管理法》等有关法律法规，结合自治州实际，制定本条例。该条例于 2018 年 10

月 30 日由黔东南苗族侗族自治州第十四届人大常委会第十三次会议通过，2019年 3 月 29 日经贵州省第十三届人民代表大会常务委员会第九次会议批准，2019年 7 月 1 日起施行。

16.《黔东南苗族侗族自治州潕阳河流域保护条例》

为了加强潕阳河流域生态环境保护，促进生态文明建设，根据《中华人民共和国环境保护法》《中华人民共和国水法》《中华人民共和国水污染防治法》等法律、法规，结合本州实际，制定本条例。该条例于 2019 年 4 月 26 日由黔东南苗族侗族自治州第十四届人大常委会第十八次会议通过，2019 年 12 月 1 日经贵州省第十三届人民代表大会常务委员会第十三次会议批准，2020 年 3 月 1 日起施行。

三、促进民族团结进步的各项政策措施

（一）开展民族团结月活动

1983 年，黔东南苗族侗族自治州人大常委会决定每年 7 月作为全州"民族团结活动月"。从这一年起，整个 7 月，作为民族政策宣传教育活动月，充分调动宣传、统战和公安、检察、法院、文化、计生委等单位的积极性，配合民宗委采取举办巡回宣讲、图片展览、广播宣传、咨询服务等形式开展民族团结和民族政策的宣传教育活动，取得良好的社会效益。据不完全统计，从 1984 年到 2005年的 20 多年间，全州参加民族政策宣传的机关干部达 14300 多人次。每年 7 月23 日州庆纪念日前后，都要组织州庆报告会、座谈会，请州党政主要领导作报告，宣传民族政策，使全州民族团结和民族政策宣传教育形成了各级党政主要领导亲自抓、分管领导具体抓、职能部门日常抓的机制和格局，使黔东南州的民族团结和民族政策教育实现了规范化、制度化和经常化。以 1987 年为例，1 月24 日，州委、州政府召开各族各界代表参加的"春节民族团结茶话会"；7 月 25日，州委、州政府召开各族各界代表参加的"统战工作座谈会"，听取促进民族地区经济社会发展的意见和建议；9 月 27 日，州委、州政府召开各民族干部参加的"民族干部工作座谈会"；10 月 14 日，州委、州政府召开有各级各类学校的少数民族干部和高级知识分子参加的"民族教育座谈会"。

从 2005 年起，民族团结活动除报告会、座谈会外，还有民族研究学术讨论会、民族文化活动、民族团结表彰会等。各地在民族团结月活动中，积极进行党的民

族平等团结政策的宣传教育活动，广泛开展民族间的文化、经济交往，增进了民族之间的感情，促进了民族团结的发展。

2019年7月26日，以"中华民族一家亲，同心共筑中国梦"为主题的黔东南州"民族团结进步宣传月"活动在凯里启动。活动紧紧围绕"弘扬民族文化　建设生态家园"主题，全面持续深入推进全国民族团结进步示范州创建工作。通过开展党的民族政策理论、民族法律法规、民族团结进步创建知识、民族团结进步典型事迹、道德模范人物事迹等教育宣传活动，发放相关宣传资料及宣传用品进行教育宣传，同时还开展多彩民族文艺展演及万人签名活动。

2020年7月26日，黔东南州、凯里市共同举办以"中华民族一家亲，同心共筑中国梦""弘扬民族文化·建设生态家园"为主题的"民族团结进步宣传月"活动，启动仪式在凯里市万博广场举行，州直有关部门、市直有关部门和市苗歌协会800余人参加启动仪式。

（二）表彰全国民族团结进步先进集体和个人

为表彰在工作中涌现出来的民族团结先进集体和模范个人的先进事迹，促进民族团结、改善民族关系，黔东南州积极开展民族团结进步表彰活动。

1984年，在全州民族团结先进集体、先进个人表彰大会上，表彰了24个先进集体、300个先进个人。黔东南州民委等19个先进集体、镇远县民委苗族干部龙运坚等10个先进个人被贵州省委、省人民政府授予"民族团结先进集体"和"民族团结先进个人"荣誉称号。

1988年，黔东南州民族干部管理学校、黎平县民委、黔东南州民族研究所等8个先进集体和镇远县民委龙运坚被国务院授予"全国民族团结进步先进集体"和"全国民族团结进步先进个人"称号；黔东南州民委、黔东南州科协等单位和王兆石等个人被省人民政府授予"民族团结先进集体"和"民族团结先进个人"称号。

1996年7月，在黔东南苗族侗族自治州州庆期间，州委、州政府召开了黔东南州第二次民族团结表彰大会，表彰了在全州民族团结进步事业中作出突出贡献的从江县人民政府等50个民族团结先进单位和文光兴等200个民族团结模范个人，其中，文光兴等6个先进个人、从江县人民政府等12个先进集体受到国务院表彰，被授予"全国民族团结先进模范个人"和"全国民族团结进步先进集体"的荣誉称号。

2006年7月22日，时值建州50周年，中共黔东南州委、黔东南州人民政府在凯里召开"黔东南苗族侗族自治州第三次民族工作会议暨第三次民族团结表彰大会"，表彰了100名民族团结模范个人和50个先进集体。

2009年，召开"纪念建国60周年暨黔东南解放60周年少数民族代表和宗教人士代表座谈会"，当年开展全国民族团结进步先进集体和先进个人的评比上报，全州共获第四次全国民族团结先进集体5个，全国民族团结先进个人5名。

2016年7月21日，在黔东南苗族侗族自治州建州60周年到来之际，州委、州政府隆重召开全州民族团结进步表彰大会，表彰为民族团结进步事业作出积极贡献的模范集体和个人，凯里市公共交通总公司等48个民族团结进步模范集体和杨鸿亮等98名民族团结进步模范个人受到了表彰。

2018年3月，国家民委决定命名第五批"全国民族团结进步创建示范区（单位）"，黎平县第二中学获全国民族团结进步创建示范单位荣誉称号。

2019年1月，黔东南州司法局等18个单位获得"贵州省民族团结进步模范集体"称号，中共凯里市旁海镇委员会组织委员吴治丽等22名个人获得"贵州省民族团结进步模范个人"称号。

2019年1月，贵州省命名2018年度省级民族团结进步创建示范单位62个。其中，黔东南苗族侗族自治州、台江县、雷山县、榕江县人民检察院、凯里市开怀街道办事处上马石社区、台江县老屯乡长滩村、黔东南民族职业技术学院、贵州丹寨宁航蜡染有限公司8家单位名列其中。

在2019年9月27日举行的全国民族团结进步表彰大会上，黔东南苗族侗族自治州民宗委、凯里市开怀街道上马石社区服务中心、三穗县台烈镇颇洞村党支部、西江千户苗寨文化旅游发展有限公司等4个模范集体和肖庆梅（女，土家族）、侯美嘉（苗族）、杨精泽、韦祖英（女，苗族）4名模范个人获国务院表彰。

2020年7月21日，"黔东南州创建全国民族团结进步示范州总结大会"在凯里召开，会议对凯里市人民政府办公室等96个创建全国民族团结进步示范州先进单位、张永文等240名创建全国民族团结进步示范州先进个人予以表彰。

2020年12月，命名2020年度全州民族团结进步创建工作示范单位，其中黔东南州住房和城乡建设局等175个示范机关、贵州其亚铝业有限公司等35个示范企业、凯里市白午街道清泉社区龙泉居委会等 167 个示范村（社区）、凯里市湾水镇等 70 个示范乡镇（街道）、凯里学院等 78 个示范学校、武警丹寨中队等 3 个示范军营、凯里市下司镇卫生院等 23 个示范医院、凯里南花苗寨景区等 10 个示范景区、远口吴氏总祠经济文化发展联谊会等 4 个示范新社会组织获黔东南州表彰。

2021 年 1 月，三穗、锦屏两县被命名为第八批全国民族团结进步示范区示范单位，本州已获命名全国民族团结进步示范区示范单位 9 个，其中示范州 1 个，示范县（市）5 个，示范村 1 个，示范学校 1 个，示范景区 1 个。

通过一系列表彰活动，对促进我国的民族团结进步事业，促进民族大团结，凝聚全国人民的心，都具有长远的历史意义和重大的现实意义。

第三章　探索时期：黔东南各项工作在曲折中发展

1949年10月1日，中华人民共和国建立，中国共产党从革命党变成了执政党，担负起领导全国各族人民建设国家的重任，在各个方面面临巨大的挑战和考验。政治上，要巩固新生的人民政权；经济上，要恢复和发展国民经济；思想上，要转变思维方式。在黔东南州，中国共产党对如何建设社会主义，改变贫穷落后地区面貌进行了艰辛的探索。

第一节　社会主义基本制度在黔东南的确立

1949年11月初至12月底，经解放军浴血奋战，黔东南各县相继解放。随后，各级人民政权先后建立，黔东南各族人民历经剿匪平叛、"三反五反" "三大改造" 等，社会主义基本制度在黔东南确立。

一、建立和巩固新生人民政权

（一）黔东南的解放历程

随着解放战争的顺利进行，1949年4月21日，毛泽东、朱德发出《向全国进军的命令》，中国人民解放军百万雄师横渡长江，迅速解放长江以南大片土地。中国人民解放军第二野战军奉命进军大西南，解放贵州、四川、云南、西康4省，第二野战军第五兵团担负解放贵州的任务。

1949年8月，赣东北地区冀鲁豫南下干部和江南附近几省参加革命工作的新干部，组成西进支队，属二野五兵团建制，随军西进。9月初，二野五兵团16

军、17军和西进支队，在二野司令员刘伯承、政治委员邓小平等指挥下，在五兵团司令员杨勇、政治委员苏振华的率领下，从江西上饶踏上征途，经过数千里艰苦跋涉，10月下旬到达湖南西部地区。

1949年9月28日，中国人民解放军第二野战军第五兵团在司令员杨勇、政委苏振华的率领下，从江西上饶出发，踏上了西进贵州的征程。途中，在湖南芷江召开会议，对进军贵州作了具体部署：解放军以兵团所属17军为中路，沿湘黔公路进入贵州，解放沿线各县，夺取贵阳，然后解放贵州南部、西部地区；以16军为左翼，从天柱入黔，解放天柱、三穗后，沿湘黔公路前进，协同17军解放贵阳等地；以友军三兵团第10军为右翼，向铜仁、松桃进击。

11月1日，二野五兵团第16军、17军分别从湖南黔阳、芷江等地出发，以迅雷不及掩耳之势挺进贵州。11月3日，第16军46师138团3000余人由黔阳托口溯清水江而上，突破"黔东第一关"——瓮洞，进入天柱县瓮洞乡，驻守瓮洞的国民党军与解放军一触即溃。11月4日解放天柱。接着46师138团沿桂穗公路进击，7日解放三穗，并迅速向镇远逼近。8日，138团解放镇远，9日解放施秉，10日解放黄平，11日解放炉山。

另一路以17军50师149团为先头部队，突破敌人防线，11月6日解放玉屏。8日下午6时进入镇远城，与16军胜利会师。17军49师前卫部队师侦察连和146团于11月8日解放岑巩。11月14日解放麻江，12月3日，51师进军丹寨，4日解放丹寨。

经中共凯里党组织的积极争取，国民党台江县县长投诚，12月3日，五兵团17军50师150团3营进驻台江。[①] 28日，17军51师153团解放剑河。1950年1月15日解放锦屏县城。2月16日，17军51师151团进驻雷山县城。

在二野5兵团进军贵州的同时，四野13兵团也由湖南南下解放广西。取道途中，38军151师于1949年11月13日解放黎平，14日解放榕江、从江。至此，黔东南地区全部解放。

---

① 贵州省台江县志编纂委员会编：《台江县志》，17页，贵阳，贵州人民出版社，1994。而《中国共产党黔东南州简史》第57页则记载为153团，具体待考。

（二）西进支队在黔东南接管建政工作

在全国革命胜利前夕，中共中央就作出了《关于准备夺取全国政权所需要的全部干部的决议》。为了响应党中央的号召，原接管赣东北地区的冀鲁豫南下干部和当地及附近几省参加革命工作的新干部，奉命组成西进支队，纳入负责解放贵州的二野五兵团建制随军西进，到贵州进行接管，建立人民政权，开展工作。负责接管镇远地区的是西进支队第四大队，它由原接管赣东北贵溪地区的冀鲁豫六地委（山东聊城地区）的南下干部、贵溪干校学员和贵溪军分区指战员共1883人组成，曾宪辉任大队长，谢鑫鹤任政委。西进途中，10军、17军转业干部和军大五分校学员近200人加入到第四大队。

1949年10月21日至23日，中共贵州省委和五兵团党委在湖南邵阳召开联席会议，作出解放和接管贵州的部署。26日至27日，贵州省委召开各大队以上负责人会议，传达联席会议精神，确定入黔后的工作方针、接管建政原则和布置各项工作任务。中共贵州省委决定四大队负责接管镇远地区，明确由吴肃、王耀华（转业干部，原任17军后勤部政委）、曾宪辉、王富海、袁子清为委员组成中共镇远地委，吴肃任地委副书记（书记缺），王富海任地委组织部长；王耀华任镇远专区行政督察专员；曾宪辉任镇远军分区司令员，袁子清任军分区副政委。第六大队接管铜仁地区。10月30日至11月2日，第六大队在湖南安江召开会议，会议确定第二中队接管岑巩，戴洪彬任县委书记，黄锐任县长；三穗、天柱县、青溪由负责铜仁地区的第六大队接管。

11月5日，镇远地委在湖南芷江召开各中队负责人会议，传达邵阳会议精神，研究布置各中队的接管任务。地委在部署接管工作时，是按照"先接管交通沿线及附近的县，后接管离交通线较远的县，由点到面发展"的原则进行。分配各中队接管县及其党政负责人：第一中队接管黄平县，张玉环任县委书记，刘影任县长；第二中队接管炉山县，崔芳廷任县委书记，张紫芳任县长；第四中队接管剑河县，房建平任县委书记，武大觉任县长；第五中队接管余庆县，姚传德任县委书记，于振东任县长；第六中队接管镇远县，刘学民任县委书记，王佐光任县长。

1949年11月8日下午，人民解放军开始对镇远城实行军事管制。11日，中共镇远地委副书记吴肃、镇远专员公署专员王耀华、镇远军分区司令员曾宪辉，率中共镇远地方委员会、贵州省政府镇远公署、中国人民解放军镇远军分区的接管干部进驻镇远城。15 日，专员王耀华发布就职布告，宣布镇远区行政督察专员公署成立。各中队进入负责接管县的县城后，也顾不上一路风尘和疲劳，首先张贴安民布告，宣布人民政府建立，着手接管建政工作。

对各县的接管工作基本上按上述安排进行的，但也有所变化。第四大队第六、第一、第二、第四中队分别于 11 月 11 日、14 日、15 日、30 日接管镇远、黄平、炉山、余庆县。1949 年 11 月 11 日接管施秉县，曹国俊任县委书记，丁连方任县长。12 月 3 日接管台江县，傅秀峰任县委书记，王子奎任县长。三穗县，沈廷梅任书记，高音任副书记，张佃一任县长。11 月 16 日，西进支队第九大队（负责接管独山地区）第一中队接管麻江县，李玉环任书记，左清溪任县长。12 月 6 日，陈泽明任丹寨县委书记兼县长。

在接管过程中，因解放稍晚或被土匪占据，有些县的接管工作迟至 1950 年 1 月至 3 月。1950 年 1 月 26 日，张武云任锦屏县委副书记兼县长。1 月 26 日，张金屏任天柱县委书记兼县长。2 月 9 日，黄克武任榕江县委书记，刘立中任县长。3 月 5 日，孙紫芳任剑河县委书记兼县长。

在接管区、乡工作时，由于西进干部缺额，重点是保证交通沿线区乡的接管工作。对边远乡镇，一般是采取"接管到区、控制到乡"的办法，只派出乡长和公安助理员进驻。

从江、雷山两县解放后，因受条件限制，暂时没有接管建政。

至 1951 年 2 月，镇远专区 12 个县（炉山、黄平、施秉、余庆、镇远、岑巩、三穗、天柱、锦屏、台江、剑河、雷山）的 156 个乡（镇）共 1296 个保 12846 个甲的旧政权接管完毕。在基层旧政权的接管、改造过程中，新设 46 个县辖区，为县的派出机构。从 1950 年底起，废除保甲制度，建立行政村，每个村建立农会。全州发展农协会员 30 万余人。

对地、县所属机构的接管，按照新解放区接管工作"按各系统，自上而下，原封不动，先接后分"的原则进行，重点放在企业、财经部门和军事部门。一些部门（如邮电、交通）没有适当的干部接管，便派代表进驻。接管后，地、县党委机构设办公室、组织部、宣传部、社会工作部；政府设公安、民政、财政、粮食、税务、工商等部门。对旧职人员，采取"教育团结、区别对待、量才录用、妥善安排"和"给出路、给事做、给饭吃"的政策，这些政策对顺利进行接管起

70

到很大作用。

为迅速稳定秩序，尽快恢复生产，在党委和人民政府的坚强领导下，接管干部以苦为荣，以党的事业为重，深入乡村，深入群众，宣传党的民族政策，了解少数民族风土人情，尊重少数民族风俗习惯，学讲苗（侗）语、学唱苗（侗）歌，参加集体劳动，很快就融入到了当地群众之中。接管建政期间，各级党委和人民政府重点抓了当务之急的几项工作。一是宣传政策，安定民心。二是借征粮草，供给过境人民解放军。三是开展统一战线工作，团结爱国进步人士。四是认真落实少数民族政策，做好民族团结工作。五是开办革命干校，举办干部训练班，培养、吸收各族青年参加革命工作。王朝文（苗族）、李仁山（苗族）、吴通明（苗族）、姚源金（侗族）、吴寿通（苗族）、张仁富（苗族）、蒋光荣（女）、吴培信（女）等，就是在此期间通过学习培训参加革命工作的，后来成长为省、州级少数民族领导干部。六是解决人民群众吃盐、吃粮问题。此外，各级党委和人民政府还发动、组织群众收缴国民党溃军丢弃的武器弹药，组建县、区人民武装，保卫新生人民政权。

（三）剿匪：巩固新生政权的斗争

1949 年 11 月 8 日镇远解放，标志着国民党在黔东南的统治覆灭。但是，他们并不甘心失败。正当人民解放军主力乘胜前进、入川进滇作战之时，国民党残余势力便与地方势力相勾结，密谋策划，发动了以颠覆人民政权为目的的土匪暴乱，妄图将新生的人民政权扼杀在摇篮中。

针对西南地区匪情，党中央于 1950 年 3 月 18 日发出《关于剿匪和建立革命新秩序的指示》，以"军事进剿、政治攻势、发动群众"为方针，指出"对于一切手持武器、聚众暴动、向我公共机关和干部进攻、抢劫仓库物资之匪众，必须给予坚决的镇压和剿灭"，号召"新解放区的军民立即转入剿匪斗争""不剿灭土匪，一切无从着手"。人民解放军 18 兵团 62 军 186 师（对外称"独一军"）以及 50 师、51 师奉命重返黔东南地区参加剿匪。1950 年 7 月至 1951 年 1 月，经过石（阡）岑（巩）镇（远）施（秉）合围，黔东南北部股匪被歼；雷公山合围，黔东南西部股匪（主要是谢世钦匪部）被歼；盘山合围，镇远、三穗股匪被歼；剑（河）朗（洞）合围，剑河、榕江股匪被歼；黎（平）从（江）榕（江）合围，黎平、从江股匪（主要是杨标匪部）被歼；雪（洞）凉（伞）合围，三穗

71

股匪（主要是杨永清匪部）被歼。对漏网的散兵游勇，各级党委和人民政府及时发动民兵和广大人民群众展开了彻底的"清匪"。

至 1951 年 2 月，黔东南境内共歼匪 5.3 万余名，缴获各种枪支 2.4 万余支。历时一年两个月的黔东南剿匪斗争，终于以各族人民的胜利宣告结束。在黔东南的解放和剿匪斗争中，为了建立和保卫新生的人民政权，据不完全统计，有 470 余名解放军指战员和干部民兵献出了宝贵的生命。

（四）"五大任务"在黔东南取得的成效

黔东南进行大规模的军事进剿土匪以后，极少数漏网的残匪和恶霸地主，仍在暗中伺机破坏和捣乱。在经济上，农村封建势力尚未消灭，广大劳动人民特别是贫雇农，仍然受着地租、帮工、帮粮和高利贷的沉重剥削。为了巩固新生的人民政权，彻底摧毁农村的分裂势力，中共镇远地委根据党中央和中共贵州省委的指示，立即转向发动组织群众进行清匪、反霸、减租、退押、征粮，时称"五大任务"。1950 年下半年，黔东南的"五大任务"在试点的基础上逐步展开。

清匪、反霸，这是开展"五大任务"首先要解决的主要任务之一。在地委的领导下，各县依靠广大群众、基层干部和民兵，捉散匪、清匪首、缴匪枪、查匪赃，男女老少齐上阵，村村设岗、处处设哨，一处发现匪踪，四处出动，使土匪上天无路，入地无门，无处藏身，最后不得不束手就擒，向人民政府投诚自首。反霸斗争中，地委指示，在汉族聚居的地区，开展反对恶霸地主、匪首的斗争；在少数民族聚居的边沿地区，只打击恶霸中的匪首。各县工作队严格按政策要求，组织群众召开公审大会，控诉恶霸、匪首的罪行。对恶霸地主的财产，除留给其必要的生活外，全部没收，按政策分给贫苦农民。对罪大恶极的恶霸、匪首，依法予以处决，群众无不拍手称快。

减租，是土地改革前减轻佃农地租负担的一项政策。解放前，绝大部分土地控制在地主豪绅手里。黔东南佃农租种地主的土地，多数实行"五五"或"四六"分成，即佃农将其 50%—60% 的收成作为地租交给地主。一般的自耕农户，一年劳作仅够半年生活，"半年糠菜半年粮"是当时的生活写照。"五大任务"开展以后，地委强调，在减租、征粮中，要认真执行党的政策：（1）农村雇工不增加工资，雇主有困难可用反霸中所得款物予以照顾。（2）耕牛租金不减。（3）凡佃户在地主地基上所建房屋不交租，其他地基地主不交公粮。地主租给农民的住房可按三五年减租。（4）地主租给农民经营的手工业作坊不减租，不退押。在反霸中此类财物不动。（5）在征粮中查出地主、富农的黑田、黑地，应照章纳粮。地委要求以上政策在汉族地区普遍实施，在少数民族地区是否实行，要根据群众的觉悟和要求，不能操之过急。实行减租后，一般改为"三五""六五"分成，即地主得35%，佃农得65%，农民所受的地租剥削有所减轻。据麻江、炉山、黄平、施秉、镇远、三穗、岑巩、余庆等8个县统计，共减租谷1068.2万公斤。

退押，就是把地主收取的押金退还佃户。解放前，黔东南的农民向地主租种土地，除交纳地租外，还被迫向地主缴纳押金，无偿给地主帮工、帮粮。据地委调查组对施秉县偏桥镇调查，全镇8户地主中，收取佃户押金的占21.6%；要佃户无偿帮工、帮粮、代耕的占69%。佃户帮地主干活，或无偿，或只给饭吃，不给工钱。有些地主除收取租谷外，还以种种借口要农民代其交纳一部分公粮。《贵州省退押实施办法》规定，"凡今后出租土地者，均不得向农民收取押金，违者依法论处"，"凡以前地主、富农收取佃户的押金，不论何种形式，原则上均应于减租时全部退还佃户"。在退押金中，由农村协会发动群众，采用"三头对案"（干部、群众、地主三方共参加）、公开算账、张榜公布的办法，进行清算和退赔。各地都取得明显成效。据1951年12月统计，其中麻江县所退押金、退帮工帮粮折合稻谷116万公斤；黄平县退押金、退帮工帮粮等折合稻谷3400万公斤。

征粮，也是当时反封建斗争的重要内容。解放初期，粮食主要掌握在地主阶级和其他封建势力手中。所以当时征粮，主要是向地主等封建势力征收粮食。其基本指导思想是"发动群众，摸清底子，先抓大户，征借结合"。征收粮食的原则是"田赋额多的户多负担，田赋额少的少负担或不负担"。比如，黄平县各阶层负担比例是：地主52%，富农38%，中农7%，贫农2%，雇农不征。到1951年2月，镇远地区12个县共征粮9300万公斤，超任务的46.76%。这批粮食，解决了党政干部职工和教师的吃粮困难，维持了城镇居民的基本生活，同时支援了过境人民解放军用粮，救济了一部分处于饥饿的贫困农民。

"五大任务"的胜利完成，沉重地打击了国民党残余势力和封建势力，巩固了新生的人民政权，促进了城乡经济的恢复和发展，也初步改善了贫苦农民的生活。据镇远、施秉、黄平、炉山、三穗、岑巩等7个县的不完全统计，其间贫苦农民共分得粮食4363公斤（按7县农协会员33万人计算，平均每人分得粮食 132.2 公斤）。其中减租 906.5 万公斤，退押金 178 万公斤，退帮工、帮粮 1060.5 万公斤，赔偿农民损失 1395 万公斤，对违法地主处罚 823.5 万公斤。贫苦农民除获得粮食外，还分得现款及衣服、被条等生活用品。通过完成"五大任务"，广大农民群众受到了教育，经受了锻炼，培养造就了一大批农村干部。农协、民兵等组织在斗争中不断发展壮大。这为镇压反革命、抗美援朝、土地改革创造了条件，为夺取反封建的彻底胜利打下了基础。

（五）镇压反革命分子和"抗美援朝"运动在黔东南的开展

1. 镇压反革命分子

为了巩固新生的人民政权，1950 年 10 月，中共中央发出镇压反革命分子（简称"镇反"）的指示，重点是打击土匪骨干、特务、恶霸、反动党团骨干、反动会道门头子等 5 个方面的反革命分子。黔东南群众性的镇压反革命运动，历时 3 年，主要分 3 个阶段进行。

第一阶段，侧重打击有现行反革命活动和严重罪恶的土匪、特务中的骨干分子。从 1950 年 10 月开始，各地先后召开万人公审大会，公开处决罪大恶极的匪首谢世钦、张吉安、张九皋和蔡仲苏、杨标等，逮捕了国民党镇远专区党部主任、中统万杰、潘逸凡等特务头子。到 1951 年 3 月，仅镇远县共清查出特务、匪首 309 名。通过公审公判，有力地打击了反革命分子的气焰，极大地鼓舞了人民群众的斗志，"镇反"取得初步成效。

第二阶段，从 1951 年 11 月开始，至 1952 年 10 月结束。重点是边缘地区，打击的对象是隐藏较深或漏网的匪特及从事暗杀、放毒、纵火等活动的反革命罪犯。台江县清出隐藏的敌特骨干分子 126 名。同时，破获潜伏在内部的中统特务组长张正海盗窃机密案。镇远专区共清出反革命分子 200 余名。从江县专门召开全县各族各界代表协商会议，审议 72 起（人）反革命案件。

第三阶段，从 1952 年 11 月开始，到 1953 年 8 月结束。这一阶段重点是取缔反动会道门。封建会道门主要有"一贯道""归根道""同善社"三大道派。解放前夕，这些反动会道门，一方面配合国民党政权阻挠人民解放军的进攻，一方面采取"取消佛坛、销毁经书、化名隐身、化整为零、停止联合、以合法职业掩护"等应变措施逃避打击。1950 年 8 月，西南军政委员会主席刘伯承发布《取缔封建道门的命令》，镇远专署公安处按照对"职业道首，身兼特务、匪首、恶霸的道首及其幕后指挥者、解放后进行暴乱及运动中继续阴谋破坏者、罪大恶极者、拒不认罪悔过者从严，其余从宽"的政策规定，法办了反动道首，集训了中小道首，缴获销毁了反动经书，将反动会道门组织予以彻底取缔。

通过镇压反革命运动，封建势力和反革命势力在政治上、组织上、经济上都受到了沉重打击，新生的人民政权得到了进一步巩固，烧山、纵火、放毒、暗杀、抢劫、写反动标语等破坏活动大大减少，社会治安大为好转，许多地方出现了"路不拾遗、夜不闭户"的良好社会秩序。

2. 黔东南的"抗美援朝"运动

1950 年 10 月，中共中央作出"抗美援朝，保家卫国"的战略决策，全国上下掀起了轰轰烈烈的"有钱出钱、有力出力、参军参战"的抗美援朝、保家卫国运动。黔东南各族人民响应号召，积极投身于这场运动并作出了贡献。

踊跃参军参战。到 1951 年 7 月下旬，黔东南报名参军人数达 3 万余人，经严格挑选，有 7309 人光荣入伍。1952 年再次掀起参军高潮。各地涌现了许多父送子、妻送夫、姐妹送兄弟、姑娘送情郎、兄弟间争相参军的动人场面和感人事例。如镇远县蕉溪区江古乡贫农妇女姚云秀，一次送两个儿子江中玉、江中行参加抗美援朝。镇远县涌溪乡苗族青年张水井结婚才 1 个月，就离开新婚妻子报名参加志愿军奔赴前线。在抗美援朝期间，黔东南共有 1.8 万余名各族青年应征入伍，其中半数以上奔赴朝鲜战场。他们在异国他乡，克服了各种罕见的困难，修铁路、架桥梁、运弹药、拼刺刀，英勇顽强，不怕牺牲，为保卫世界和平和祖国安宁付出了重大牺牲，建立了不朽功勋。仅天柱县就有 86 人牺牲在朝鲜战场上，34 人因伤致残，178 人立功受奖。

积极捐款捐物。解放之初，黔东南各族群众的生活还很贫困，但爱国捐献的热情极高。农户卖鸡、卖鸭、卖柴草，有的甚至把年猪卖掉自愿参加捐献。三穗县款场乡龙脚村周家富一人捐献 3 头大肥猪。黄平县罗朗乡妇女委员王大妈把卖柴草得的 6 万元（旧币）拿到县分会捐献，收款的同志见她身穿破衣，赤着双脚，不忍心收，再三劝说她用这些钱买衣买鞋穿，可她说，她家几条命都是共产党和人民政府给的，志愿军为穷人在前方打敌人，她要表点心意。收款的同志见她执意要捐，便送给她一件衣服、一双鞋后，才将捐款收下。有的少数民族群众还将祖传的银首饰拿出来捐献。妇女们熬更守夜，赶做布鞋和鞋垫支援前线。当时地委、行署的机关干部每人每月的津贴极少，他们精打细算、节省开支，有的人为此戒了烟。城镇居民节衣缩食，手工业者努力生产，中小学生砍柴卖，儿童积攒零用钱，连尼姑也拿着布鞋、鞋垫前来参加捐献。个体工商户镇远县舒祥泰酱园厂的创始人、工商业者舒万龄，两次共捐献现金100万元、银元1.4万块（当时可购买一架战斗机），成为贵州省最典型的捐献户。在抗美援朝运动中，黔东南各族群众共捐款53亿元（旧币）。

期间，在广大农村还开展了订立爱国条约、缴纳爱国粮、拥军优属等活动。抗美援朝运动的广泛深入开展，不仅对抗美援朝战争是一个有力的支援，而且对广大各族群众是一次爱国主义、集体主义思想教育，它极大地激发了各族人民的爱国热情，有力地推动了土地改革和其他各项工作。

二、黔东南土地改革与"三大改造"运动

（一）土地改革运动

1950年6月30日，中央人民政府颁布了《中华人民共和国土地改革法》，规定土地改革的基本目的是"废除地主阶级封建剥削的土地所有制，实行农民的土地所有制，借以解放农村生产力，为新中国的工业化开辟道路"。随之，一场空前的土地改革运动在新解放的广大地区蓬勃兴起。黔东南的土地改革，从1951年5月开始，至1953年2月基本结束，历时1年多。

1951年1月初，中共镇远地委先在黄平县四屏镇和东坡乡、施秉县紫荆镇、镇远县青溪区进行试点，试点取得经验以后，再逐步推开。当时镇远专区辖12个县（含余庆县）共48个区、143个乡、1245个行政村，26万户121万人。按照"先中心地区、后边沿地区，先汉族地区，后民族杂居地区，再少数民族地区"的原则，土地改革分4期进行。其主要方法步骤是：

宣传政策。各县工作队入村后，分别组织召开农代会、贫雇农代表会、上层人士座谈会以及各族各界代表会议等，学习、宣传《中华人民共和国土地改革法》，把政策交给群众。工作队还把土改政策编成顺口溜："贫雇农、要当家，团结中农理应当；富农不要怕，打倒地主和恶霸，土地要还家。"意思是说，稳定富农是孤立地主的重要策略；实现"耕者有其田"，劳动人民耕耘的土地回到劳动者手中。土地改革，解决封建土地所有制，这副担子首先由贫雇农来承担。

划分成分。正确划好农村阶级成分，是搞好土地改革的关键。划分阶级成分的依据是《中华人民共和国土地改革法》《中央人民政府政务院关于划分农村阶级成分的决定》《中共中央关于划分农村阶级成分的补充规定》，以及西南局和贵州省委的有关补充规定。为了做到"不漏划一个地主，不错划一户成分"，地委要求严格掌握划分成分的政策、标准和界限。当时，农村的阶级成分大致划分为7个层次：地主、富农、小土地所有者（又叫小土地出租）、富裕中农、中农、贫农、雇农。各地划分阶级成分的具体做法是，首先划地主，其次划富农、小土地出租者，然后划中农、贫农、雇农和其他成分。划分阶级，先由各户自报田土产量，村农民协会讨论，而后由村农民协会会员讨论，最后报乡、区农民协会批准，三上三下，允许申辩，三榜定案。据镇远、施秉、炉山、天柱、岑巩、三穗、麻江、黎平、丹寨、雷山、从江、黄平、锦屏13个县统计，阶级划分结果是：地主共计14254户，约占总户数的5%；富农5702户，约占总户数的2%。

没收征收，查田评产。阶级成分划定后，紧接着进行没收、征收工作。没收，是没收地主的五大财产，即土地、耕畜、农具，多余的粮食和在农村中多余的房屋。征收，是征收富农（包括半地主式富农）出租的土地和祠堂、庙宇、寺院、教堂、学校等社会团体在农村的土地及其他公地。为使分配做到合理，普遍进行了查田评产。通过查田评产，查清地主隐瞒不报的黑田黑土和在本村外村的田土，落实田土面积和产量，使制定田土分配方案有可靠的依据。

对没收征收的田土、财产进行分配。分配土地是反封建斗争的直接结果，是民主革命的归宿。绝大部分地区采取先分田土、再分财物、后分山林的做法。分配田土按照远近、好坏搭配和照顾原耕的原则。分配其他财产，按照"缺啥补啥，缺多补多，缺少补少，不缺不补，自报公议，合理分配"和有利于生产、有利于农民团结的原则进行。耕牛分配一般采取"牛随田分"的办法。犁、耙等耕作农具，随牛分配。房屋分给缺房农民居住。分配中还注意对鳏、寡、孤、独、军烈属等进行照顾。一般山林的分配方法是：零星林木随田土分配，大片和整片山林集中到乡，划清村与村、组与组的界线，然后再分到村组，由村组分到户。较边远或人烟稀少的千亩以上的连片森林，由县收归国有，作为开办农、林、牧场用。

最后是颁发土地证。土地改革一结束，人民政府即召开群众大会，举行颁证仪式，向农民颁发《土地证》。

整个土改过程中，除按"先汉族地区、后杂居地区、再少数民族聚居地区"逐步推进土改外，中共镇远地委还根据少数民族的特点，制定了若干具体政策，如在分配土地、山林中，对少数民族特需用地作了必要的照顾，保留芦笙场、踩歌坪、游方坡、鼓楼地、风雨桥地、罗汉田、姑娘田、蓝靛土等少数民族特殊用地。地主的柴山、草山等予以没收，没收后作公用或分配，由各族群众自己讨论决定等。这些特殊政策的执行，保证了土地改革的顺利完成，促进了黔东南少数民族地区社会生产力的发展。

1952 年底，镇远地区土地改革完毕。土地改革的胜利完成，使无地少地的广大贫苦农民分得了土地，成了土地的主人，实现了"耕者有其田、有其地、有其林"和"土地还老家"的夙愿。

（二）"三反""五反"运动

1951 年 12 月，党中央决定在党政机关工作人员中，开展反对贪污、反对浪费和反对官僚主义的"三反"运动；在私营工商业者中，开展反行贿（受贿）、反偷税漏税、反偷工减料、反盗窃国家资财、反盗窃国家经济情报的"五反"运动。黔东南"三反""五反"运动，从 1951 年 12 月发动到 1952 年 8 月基本结束，历时 9 个月，主要分酝酿发动、深入开展、定案总结三个阶段进行。

"三反""五反"运动的开展，有力地打击了"三害""五毒"行为，教育了广大党员干部，清除了腐败行为，纯洁了党的组织，提高了党在人民群众中的威信，促进了国民经济的恢复发展，为进一步巩固新生的人民政权打下了坚实的基础。鉴于当时的历史条件，"三反"运动中也出现了一些偏差，有的干部产生了急躁情绪，方法简单粗糙，有的地方甚至出现逼供、施刑、扣押、打骂等过火行为，伤害了部分同志。"五反"运动中，有的地方由于时间短、任务急，宣传动员工作不深入、不细致，导致部分工商户一时对党的政策不理解，产生恐惧心理，影响了正常经营。这些偏差后来都分别作了纠正。

（三）"三大改造"的实施与基本完成

1953 年 6 月，中共中央制定了党在过渡时期的总路线："从中华人民共和国成立，到社会主义改造基本完成，这是一个过渡时期。党在这个过渡时期的总路线和总任务，是要在一个相当长的时期内，逐步实现国家的社会主义工业化，并逐步实现国家对农业、对手工业和对资本主义工商业的社会主义改造。"这是一条社会主义建设与改造同时并举的路线。

1. 对农业进行社会主义改造

土地改革结束以后，黔东南广大农民虽然分得了土地，但没过多久，又遇到了新的困难。主要表现在，为数不少的农户在春耕农忙季节存在耕牛缺乏、农具不齐、资金不足、劳力有限、田地种不出来，大忙季节缺口粮等情况。而少数地方富裕农民则高利放贷、放粮，盘剥贫苦农民。农村两极分化的势头，已在部分地区显现出来。据榕江县调查，该县 5 个区有 41 户放高利贷，有 91 户雇工、271 户农民买田，部分农民已经破产。对此，中共镇远地委按照党中央确立的方针，积极引导广大农民"组织起来"，走互助合作的道路。

1953 年 11 月，镇远地委根据中央"重点试办，慎重稳进"的建社方针和"自愿互利"原则，在炉山、黄平、施秉、镇远、三穗、岑巩等试办第一批土地入股、统一经营的初级农业生产合作社（简称初级社）。到 1953 年底，全地区 12 个县重点试办初级农业合作社 54 个，有 1468 户入社。到 1956 年夏，镇远地区办起 3556 个农业合作社，入社农户 177607 户，占全区农户总数的 45.53%。黔东南农业合作化运动，前期发展是积极稳妥的。

1956 年 1 月，镇远地委在施秉县大桥乡试办第一个高级农业生产合作社。高级社是生产资料公有的完全社会主义性质的农业集体经济组织，是农业互助的高级形式。高级社与初级社的不同点是：它取消了土地入股分红制度，实行土地集体所有制，全面实行按劳分配的原则；实行耕牛、犁、耙等大农具折价入社，归集体所有统一调配使用；它比初级社的规模大（一般数十户，多到百余户），公有化程度高。1958 年 6 月，全州基本上实现了高级农业合作化。

2. 对手工业的社会主义改造

1953 年 11 月，中央确定对手工业进行社会主义改造。结合黔东南特点，1954 年第四季度，中共镇远地委开始进行试点，按计划、有步骤地分期分批发展。到年底，共组织生产合作社 16 个，入社社员 280 多人；供销生产合作社 13 个，社员 190 多人；供销生产合作小组 93 个，组员 880 多人。1955 年初，全州继续试办手工业合作社（组）。经过几个月工作，一个以"现金入股、工具入股、实行劳动分红、股金分红"为原则，在打铁业、陶器业、油榨业、纺织业中开始试建了两个生产合作社。随后各县根据"就地取材、就地制造、就地推销"

的原则和"自愿互利"政策,相继建立一批手工业合作社(组)。至 1955 年底,全专区发展手工业合作社(组)365 个,入社手工业者 5230 人。1956 年 1 月以后,中共镇远地委根据中央关于《加快手工业的社会主义改造》的指示,提出了"有的行业可以一次组织完,凡有条件的可以不经过低级形式直接办社"的意见,全区掀起了手工业改造高潮。至 1956 年底,全州建立手工业生产小组、手工业供销合作社和手工业生产合作社 400 个,入社手工业者 9058 人,占手工业者总数的 94%,基本完成了对手工业的社会主义改造。

3. 对私营工商业的社会主义改造

1949 年底,镇远专区只有少量的个体或合营打铁、制陶、造纸、缝纫、榨油、制伞等手工坊店。私营商业以摊贩为主,大多为个体小本经营。工商户登记(不包括麻江、丹寨、黎平、榕江、从江)不足 2000 户,从业人员 2246 人,主要集中在湘黔公路沿线的几个城镇。现代工业仅有 5 个设备破旧的小火电厂。全部工业企业 16 个,职工 80 人,总产值 363 万元。

剿匪斗争胜利后,中共镇远地委、专署为了调动各方面的积极性,尽快恢复和发展生产,分别召开了有工商界代表参加的各族各界代表会议,听取工商界的意见,学习《共同纲领》中有关对私营工商业的政策,解除工商界中的一些疑虑。这是解放后中共镇远地委在团结、利用、改造私营工商业所走的第一步。紧接着,又召开了全区工商工作会议,贯彻执行中央"公私兼顾、劳资两利、城乡互助、内外交流"的发展经济政策,在各地举办城乡物资交流会,发放贷款、组建工商联,对少数私营工商业,还采取加工订货、统购包销、经销代销,帮助私营工商业恢复、发展生产。通过上述各项工作,在不到两年的时间里,全区工商户发展到 6032 户,全区集、场贸易点发展到 154 个,基本上乡乡有场赶。国营商业逐步发展,国营工业开始起步。对私营工商业中一些不利国计民生的因素,中共镇远地委、专署则采取了适当的限制政策。一是限制香火、钱纸商和银元贩子,反对迷信活动;二是限制私商批发,打击投机资本。1954 年初,中共镇远地委、专署根据中央关于"统筹兼顾、全面安排、稳步前进"的方针,取消了一些限制,调整了批零差价,降低了批发起点,撤回了部分零售门市,退让了部分品种。

1955 年 11 月,中央作出《关于资本主义工商业改造问题的决议》,提出全行业公私合营的规划。公私合营和全行业公私合营,这是高级形式的改造。从

1956 年 1 月起，以专署所在地镇远为中心，开始了全行业公私合营运动。镇远专署在国家建设需要、企业改造可能和资本家自愿的条件下，把镇远县舒祥泰酱园厂、镇远农具厂等有 10 个以上工人的资本家的企业，经过清产核资逐步过渡为公私合营企业。不少县的私营商业户，敲锣打鼓，高举红旗，抬着参加合营的股金等加入了合营。下半年，中共镇远地委、专署采取"分散经营、自负盈亏"的方式，在部分经营企业中推行定额经营、超额奖励等办法，建立规章制度。到 1956 年底，全区改造私商 6821 户，共计 7549 人。至此，镇远地区的私营工商业的社会主义改造也顺利完成。

黔东南的"三大改造"，从 1951 年下半年开始试点，到 1957 年底基本结束，历时 6 年多。"三大改造"的顺利完成，使黔东南州经济结构发生了根本变化，公有制经济占优势，从而为社会主义制度在黔东南州的建立打下了基础，为开展有计划的社会主义经济建设创造了条件。

（四）黔东南"一五"建设成就

第一个五年计划期间，全州工农业生产在解放头三年的基础上又得到了前所未有的发展，各项经济指标超额完成。1957 年同 1952 年相比，工农业总产值由 11520 万元上升到 24698 万元，分别比 1952 年增长 114.4% 和 94%，年均递增 16.7% 和 14.17%；财政收入完成 1797.45 万元，比 1952 年增长 55.75%，年均增长 9.3%；社会商品购买力完成"一五"计划的 153.66%，比 1952 年增长 2.38 倍。其中：农业生产方面，全州粮食总产量 72.74 万吨，完成"一五"计划的 123.28%，比 1952 年增长 56.48%，年均增长 9.4%；烤烟产量 10.7 万担，完成"一五"计划的 151.35%，比 1952 年增长 133%，年均增长 18.4%；花生产量 2.95 万担，完成"一五"计划的 267.79%，比 1952 年增长 198.51%，年均增长 24.4%。还有生猪、耕牛、山羊、油菜、棉花、茶叶等均有较大发展。

在林业生产方面，5 年合计造林 171.6 万亩，完成"一五"计划的 376.83%。商品木材完成 41.15 万立方米，比 1952 年增长 4.5 倍。仅 1957 年，全州造林 64.5 万亩，幼林抚育 55 万亩，封山育林 46 万亩。

工业生产方面，1956 年，全州第一座水电站——镇远两路口水电站建成发电。1957 年实现县县有电厂，全州年总发电量比 1949 年增长 30 倍。全州工业企业达 48 个，总产值 5248 万元，年均递增 28.69%；全州重工业总产值比 1952

年增长 3.2 倍；全州共新建厂矿 21 个，改建和扩建 15 个，产值完成"一五"计划的 160.32%，比 1952 年增长 7 倍多；原煤产量 6513 吨，完成"一五"计划的 186.06%；生铁产量 756 吨，完成"一五"计划的 225.67%，比 1952 年增长 431.46%；发电量 397.17 千度，完成"一五"计划的 198.57%，比 1952 年增长 247.09%；白酒产量 1807.69 吨，比 1952 年增长 8 倍多。工业总产值占工农业总产值的比重，由 1952 年的 8.5% 上升为 15.16%。工业基础初步建立。

交通、通讯方面，"一五"时期，共整修和新修公路 529 公里，比 1952 年增长 87.44%。至 1957 年，全州通车里程达 1000 多公里。邮电增设交换机 40 处，增加通话区乡 296 个。

教育文化、医疗卫生方面，到 1957 年，全州有中学 25 所，在校中学生 8466 人，比 1952 年增长 148.62%；小学 1935 所，在校生 20 万人，学龄儿童入学率为 72.4%；师范学校 2 所，在校学生 461 人。在抓学校教育的同时，还在农村广泛开展了成人扫盲活动。此外，五年共新增电影院 1 个、电影队 22 个、文化馆 9 个、业余剧团 23 个、书店 13 个、广播站 8 个、收音站 66 个。新建区卫生所 63 个、妇幼保健站 25 个、卫生防疫站（队）20 个，增加医护人员 1055 人，新增病床 175 张。人民群众的健康水平得到提高。

总之，经过土地改革、"三大改造"，确立了以公有制为主体，多种经济成分并存的社会主义所有制结构，社会主义制度在黔东南初步建立，全州社会主义改革和建设事业取得了重大成就，尤其是"一五"时期，各项主要经济指标超额完成，州内粮食连年丰产，市场供给充裕，物价稳定，人民安居乐业。"一五"时期是黔东南经济社会发展最好最快的历史时期之一。

第二节　社会主义建设在黔东南的艰辛探索和曲折发展

一、探索中国社会主义建设道路的开端

（一）中共"八大"召开

1956 年，社会主义改造基本完成，社会主义制度初步建立，但社会生产力发展水平仍然很落后。中国社会主义应该怎样建设和发展？这是中国共产党面临的全新课题。1956 年 9 月 15 日至 27 日，中国共产党第八次全国代表大会在北京举行，在正确分析国内外形势和国内主要矛盾变化以后，大会明确提出：国内主要矛盾，已经是人民对于建立先进的工业国的要求同落后的农业国的现实之间的矛盾，已经是人民对于经济文化迅速发展的需要同当前经济文化不能满足人民需要的状况之间的矛盾。党和全国人民当前的主要任务，就是集中力量发展社会生产力。在经济建设方面，强调要从国家财力、物力的实际状况出发，坚持既反保守又反冒进即在综合平衡中稳步前进的方针。

党的八大的胜利召开以及"一五"计划的顺利完成，极大地鼓舞了黔东南广大干部群众的生产和建设热情。中共黔东南州委要求，各县各部门要在学习贯彻"八大"精神的基础上，总结经验，找出不足，开展批评与自我批评，达到提高认识、统一思想、增强团结、改进工作的目的。同时，根据中央精神，在农村开展"增产节约"运动。为实现增产节约计划，中共黔东南州委强调指出，经济工作要认真贯彻为农业生产服务的方针，做好物资供应、农副产品收购，及时合理地发放农业贷款；各生产部门要减少原材料消耗，降低成本，提高产品质量，提高劳动效率；国家机关要减少行政经费开支；各行各业都要精打细算，提倡艰苦奋斗，反对铺张浪费。

（二）"整风"与反右派斗争

1957 年 4 月下旬，中共中央发出《关于整风运动的指示》，决定在全党范围内进行一次以正确处理人民内部矛盾为主题，以反对官僚主义、宗派主义和主观主义为内容的整风运动。按照中央的决策和省委的部署，中共黔东南州委迅速

制定了整风计划，要求通过整风运动，提高党员干部的马列主义水平，改进工作作风，以适应全面建设社会主义的需要。

1957年6月，中央发出组织力量反击右派分子进攻的党内指示。紧接着，全国大规模的反右派斗争全面展开。按照中央和省委的统一部署，黔东南迅速转入反右派斗争。7月2日，州直机关召开大会，揭发批判右派分子，反右派斗争在州县机关、群众团体、学校和事业单位普遍展开。全州一下子划出"右派分子"上千名。由于"反右派"过程中出现了较为严重的扩大化问题，1959年9月，州委根据中共中央《关于摘掉确实悔改的右派分子的帽子的指示》《关于贯彻中共中央关于摘掉确实悔改的右派分子的帽子的几点意见》精神，抽调专人办理摘帽工作。至1962年，全州摘掉右派分子帽子的共有588人，占全州划定右派分子的50.3%。党的十一届三中全会以后，对反右派斗争的案件又进行了全面复查，全部摘掉了右派分子的帽子，对错案作了全面纠正。

（三）"大跃进"和人民公社化运动

1. "大跃进"运动

"大跃进"运动从1957年底开始发动，1958年在全国全面展开。从1958年至1960年，"大跃进"持续了3年。

在全国大环境的推动下，1958年2月1日至3日，州委召开全委（扩大）会议，检查在农业合作化高潮兴起以来的领导思想和工作方法，修改农业、林业、工业生产规划。全会决定：要克服"稳慎"思想，敢于领导群众跃进；全州要提前5年实现全国农业发展纲要所规定的各项指标，苦战三年基本改变经济文化落后面貌。工业生产要开展发展万厂运动；各级领导干部要搞试验田、学技术，推广先进；要抓住反浪费、反保守这条纲，把整风推进到底。5月初，自治州制定《全州工业发展纲要（草案）》，提出全州在5年或稍多一点时间内，使工业达到"五网"（化学肥料网、农业机械制造网、电力网、农副产品加工网、交通运输网），"三化"（肥料化学化、农具机械化、电力化）要求，计划1958年生产生铁35.35万吨，钢3.56万吨，煤150万吨；粮食增产4亿公斤，争取6.5亿公斤。5月中旬，州委组织有各级干部参加的10多万人的检查团，分组深入到16个县的所有农（林）业合作社和厂矿，检查"跃进"情况和"跃进"措施，开展"插红旗""拔白旗"活动。在此情况下，工农业生产上的高指标、浮夸风和瞎指挥风迅速蔓延起来。

2. 人民公社化运动

1958 年 8 月，党中央发布《关于建立农村人民公社的决议》。根据中央和贵州省委的部署，黔东南地区的人民公社化运动在全国形势的推动下全面展开。8 月 24 日，州委召开会议研究办人民公社问题，会上提出派工作组到施秉县城关区先行试点。试点 13 天，把原城关镇、新桥乡和半个凤仪乡的 16 个高级农业生产合作社，连同城关镇的手工业、商业、居民共 3125 户、14549 人组成了黔东南州第一个人民公社——红旗人民公社。接着，在 1 个多月时间内，全州 3044 个高级农业生产合作社合并建立了 165 个农村人民公社，入社农户占农户总数的 93.6%。全州最大的公社是榕江县古州公社，有 9582 户，最小的是凯里县炉山公社，有 1607 户。到 1958 年 12 月底，全州 2858 个农业合作社改组成为 73 个人民公社、6 个县联社，参加公社的农户有 40 万户，占全州总农户的 99.62%，实现了人民公社化。1959 年 1 月，根据贵州省人民委员会《关于调整贵州省行政区划的通知》，进行撤区并县，全州 16 个县并成 7 个大县，即撤销丹寨县、雷山县、麻江县、炉山县，设置凯里县；撤销天柱县，并入锦屏县；撤销台江县，并入剑河县；撤销从江县，并入榕江县；撤销施秉县，并入黄平县；撤销岑巩县、三穗县，并入镇远县；黎平县不变。

随着小社并大社，每个公社都办有公共大食堂，以适应公社组织军事化、行动战斗化、生活集体化。食堂普遍实行供给制，提倡吃饭不要钱。原高级社集体所有的土地、山林、树木、果园、水利设施、耕畜、农机、公积金、公益金等，均归公社所有；社员的自留地、开荒地、宅基地、零星林木以及私养的牲畜家禽等一律归公社所有；社员的住房被占用办托儿所、幼儿园、集体食堂等公共事业；社员的口粮和锅、碗、瓢、盆等炊具，则平调入集体食堂。多数社员家中饲养的家禽、家畜集中起来归食堂无偿宰杀，社员的自留地收回后作食堂的菜地。

"大跃进"期间，在高估产、浮夸风、瞎指挥下，农业与工业之间的比例严重失调，加之遭受自然灾害，人民群众生活水平急剧下降。

（四）"八字"方针在黔东南的贯彻

1961 年 1 月，中共八届九中全会讨论通过了《关于 1960 年国民经济计划执行情况和 1961 年经济计划主要指标的报告》，决定从 1961 年起，对整个国民经济实行"调整、巩固、充实、提高"的方针，简称"八字"方针，重点是调整。

黔东南州调整工作首先从农村开始，随后开始对工业、商业、教育、卫生等各行各业进行调整。

农业政策调整方面，1960年底以后，党中央相继发出了《中共中央关于农村人民公社当前政策问题的紧急批示信》《农村人民公社工作条例（草案）》以及《关于改善农村人民公社基本核算单位问题的指示》，州委及时召开会议贯彻执行。按照中央指示，自治州着手精简机构、压缩人员，动员干部、职工及其家属回乡生产，加强农业生产第一线。到1965年5月，全州共精简下放职工和压缩城镇人口31万人，其中28万人充实到农业生产第一线。1961年底，全州农村1.7万多个公共食堂全部停办。

林业政策调整方面，1958年前，自治州森林覆盖率为56%，活立木蓄积量1亿多立方米。"大跃进"期间，由于刮"共产风"和伐木烧炭炼钢铁，人为毁坏了大量森林，森林资源及活立木蓄积量急剧减少。针对林业方面存在的问题，州委出台了《关于林业生产几个具体政策问题的意见》《黔东南山区对山林问题的处理情况和办法》《关于处理山林、土地所有权问题的补充意见》，明确了林权问题和造林"谁造谁有"政策，同时把采伐木材与基地更新结合起来。由于一系列林业政策的出台并得到有效的贯彻执行，制止和扭转了乱砍滥伐等导致森林覆盖率急剧下降、活立木储量锐减的趋势。

工商业调整方面，1961年9月，中共中央颁发了《国营工业企业工作条例（草案）》，州委着手对一些效益不好或办厂条件不具备的企业，采取关、停、并、转、改等办法进行调整和整顿。1962年，全州公社以上重工业企业由1959年的5766个调整为495个，轻工业企业由1438个调整为342个。至1965年，全州重工业企业调整为16个，产值比1962年增长24%；轻工业企业调整为324个，产值比1962年增长3.28倍。通过精简整顿，工业企业的劳动生产率比1958年提高4倍。商业系统恢复国营专业公司，恢复合作供销社、公私合营、合作商店，开放集市贸易，商业网点逐年增加，社会商品零售总额比1962年增长37.7%。

第二个五年计划时期，即1958年至1962年，中央财权下放，"以钢为纲，大办工业"，全州5年累计投资9391万元，年均1878万元，比"一五"时期增长35倍，新建了钢铁厂、磷肥厂、火电厂、水电站、机械厂、砖瓦厂、水泥厂、酒精厂、面粉厂、纸厂、冷库等一批骨干企业。1965年，全州重工业总产值比

1962年增长24%，经济效益得到好转。与此同时，按照中央的要求，自治州对科技、教育、文化、卫生等行业以及行政区划等也都进行了全面调整。全州由7个大县恢复成了16个县。

由于认真贯彻执行了中央以调整为主的"八字"方针，全州国民经济从1963年开始全面好转。1963年，除粮食生产因受灾总产比1962年略有减产外，绝大多数经济指标都完成和超额完成了计划。其中，农业总产值比1962年增加1.8%，工业总产值比1962年增长4%，社会商品零售额比1962年增长15.7%，财政收入比1962年增长105%。1964年，全州粮食总产量又比上年增产40%，接近1957年的水平；农业总产值比上年增长32.9%；工业总产值比上年增长25.2%。

（五）"社教"运动的开展

1962年中共八届十中全会召开以后，全国农村普遍开展了以"清账目、清仓库、清财物、清工分"为主要内容的社会主义教育运动（后简称"社教"运动或"四清"运动）；城镇和国家机关、企事业单位先是开展"五反"运动，后开展"四清"（清政治、清经济、清组织、清思想）运动。

1963年1月，州委召开县委书记会议，传达全省地州市委书记会议精神，布置农村社会主义教育工作。各县按照州委的部署，要求各级干部在学习文件、提高认识的基础上，检讨缺点和错误。3月，州委决定在"社教"运动中建立农村群众组织，纠正单干、清查处理"暴发户"。6月，州委召开常委扩大会，着重解决干部对阶级、阶级矛盾、阶级斗争的认识问题，部署在农村开展"四清"工作。会议决定，州委、县委各选一个公社进行试点。6月25日，州委抽调35名干部组成工作组到黄平县红梅公社进行"四清"试点。8月中旬，州委召开县委书记会议，交流"四清"试点工作经验，部署农村"四清"和机关"五反"工作。11月初，全州"四清"运动在15个县（除从江县）的16个区、48个公社、238个大队、1946个生产队开展。据统计，第一批"四清"中，共清出应退赔粮食2.7万公斤，现金834万元，工分41万余分，耕地1200亩，原木1万根，布票224米，房屋18间，耕牛44头，其他实物3199件，分别进行了退赔。

1965年初，中央发出《农村社会主义教育运动中目前提出的一些问题》（简称"二十三条"），规定社会主义教育运动一律简称"四清"。根据"面上也要适当地进行社会主义教育"的要求，2月下旬至3月上旬，全州共抽调4800人，加上从遵义回来的"四清"工作团700人、省委工作团400人，共5900人，组成工作队，深入农村纠正"单干风"。据全州14个县的统计（除黄平县、锦屏县），到4月底，有经济不清的干部共清退现金17.32万元，粮食9.63万公斤，布票933米，其他物资7100件，木材2600立方米。

1965年6月10日，州委决定在凯里县舟溪公社进行清政治、清经济、清组织、清思想的"四清"试点。由371名干部组成的工作队，于6月下旬进入舟溪公社。州委于同年9月2日对点上"四清"作出安排。至1966年7月，第一批"四清"运动结束。经过"四清"运动，在区、公社、大队、生产队13881名干部中，调动工作的1591人，降职的822人，撤职的107人，调离当地工作的283人，落选的1667人，并队后不能安排的2066人，被清洗的42人（包括法办的4人），被开除党籍的14人。受各种处分的区干部占同级干部数的9.8%，公社干部占8.7%，大队干部占3.6%，生产队干部占0.4%。农村四级干部应退赔现金26.66万元，已退20.27万元，占76%；机关、企事业单位应退现金12.29万元，已退7.08万元，占57%；地、富、反、坏分子应退现金18.32万元，已退10.94万元，占59.7%。上述干部、单位共应退粮食10.63万公斤，已退8.45万公斤，占79.3%。在"四清"运动中，对原来包产到户、包产到组的140个生产队，当做走资本主义道路的错误进行了纠正。对地(主)、富(农)、反(革命)、坏(分子)(简称"四类"分子)进行评审，戴上四类分子帽子的151人，摘掉四类分子帽子的137人。在运动后期，对党、团、妇女、贫协、民兵等基层组织进行了整顿和建设。新发展共产党员2520名，其中少数民族占79.1%，新吸收共青团员5796名。

1966年7月14日，州委对第二批"四清"运动作出安排。后因受红卫兵的冲击，州、县机关处于半瘫痪状态。12月，州委决定将工作队全部撤回。"四清"运动停止。

与此同时，机关"四清""五反"也开展起来。1965年1月，州委部署在州、县机关开展"四清"运动，运动分"四清"和建设两个阶段进行。8月初至10月上旬，州、县机关全面开展"四清"运动，运动中揭发批判的主要问题有三个：一是阶级斗争、两条道路斗争在干部思想上的反映，二是组织不纯，三是经济上不清。运动中揭发有革命意志衰退的干部1334人，其中科长以上干部178人；

有贪污盗窃、投机倒把行为的 900 人，金额 34.88 万元，粮食、粮票 8 万公斤，布疋、布票 1.89 万米。经初步核查，有经济问题的 689 人，计人民币 20.42 万元，粮食、粮票 1.42 万公斤，布疋、布票 0.7 万余米。此外，干部中有 525 人（包括科局长以上干部 65 人）参加敬神、敬鬼等迷信活动。

在机关"四清"运动中，有 236 人被认为属阶级异己分子或蜕化变质分子、贪污盗窃、投机倒把分子。

"五反"运动，即"反对贪污盗窃、反对投机倒把、反对铺张浪费、反对分散主义、反对官僚主义"，从 1963 年 4 月下旬开始，至 9 月底基本结束。当时全州参加"五反"运动的共 21138 人，其中干部 11493 人，工人 9645 人。犯有贪污盗窃或投机倒把错误的共 904 人（干部 641 人，工人 263 人），占参加运动总人数的 4.27%。贪污盗窃、投机倒把牟利金额在 300 元以下的有 446 人，300 至 1000 元的有 346 人，1000 至 5000 元的有 112 人，这些人共牟利 46.7 万元。其中至 9 月底已查实 41.8 万元，已退赔 33.54 万元，占核实数的 79%。已作处理的 375 人，其中免予处分 350 人，受党纪处分 5 人，受行政处分 10 人，受刑事处理 3 人，送劳动教养 7 人。其余 529 人，随后也分别作了处理。

在"四清""五反"运动中，由于受"左"的错误影响，一些党员、干部受到了错误的批判、处理。1980 年以后，根据党的十一届三中全会的路线、方针和政策，本着实事求是、有错必纠的原则，各级党委对运动中受到处理的党员、干部的案件进行了复查，对冤假错案作了纠正。

二、"三线"建设在黔东南

中华人民共和国成立后，重工业过于集中在大、中城市（即一线、二线），不利于备战。1964 年，党中央根据当时国际国内局势，作出"实施三线工业基地建设"的战略决策，以改善工业布局，加强国防。中央决定，对一线和二线建设，采取"停、缩、搬、帮"，即停建一切新开工项目，压缩正在建设的项目，搬迁部分企业到三线，从技术和设备方面对三线企业实行对口帮助，把建设的重点放到三线。"三线建设"是国防建设的一次重大战略转移，其空间范围是长城以南、京广线以西的广大区域，包括西南的云贵川和广西东北部。

贵州地处云贵高原，地势西高东低，山地居多，素有"八山一水一分田"之说，独特的地形地貌有利于隐蔽而不被发现，不被敌方侦查和破坏，是三线建设的理想场所，成为"三线"建设的重点省份之一。按照国家统一部署，三线建设中贵州主要是以航空、航天、电子、机械、电气为主，迁入100多家企业和事业单位。就具体工业而言，国防科技工业是贵州三线建设的重点，主要有：在安顺、平坝、清镇一带建设航空基地，在都匀、凯里一带建设国防电子基地，在遵义、绥阳、桐梓一带建设航天基地。此外还有兵器工业部、中国人民解放军总后勤部、空军后勤部以及一机部安排的机械、电器、工具、仪器、仪表、机床、电机等建设项目。凯里又是贵州省的重点地区。

（一）国防电子基地建设

1964年9月中旬至11月，在国务院国防工办的统一组织下，以三机部基建局局长范铭、四机部基建局局长王宗金为支部书记的国防工业第七踏勘组对贵州黔东南地区、贵阳以西地区以及湘西、滇东地区44个县进行踏勘。经研究，提出从都匀到凯里安排一套电子工业体系项目的初步设想。从1965年开始，国家第四机械电子工业部国防电子基地所属军工企业，分别从四川、北京等地陆续迁入贵州，国防电子基地总部及直属企事业单位建在贵州省黔南和黔东南两个少数民族自治州，其中都匀9个厂：红旗机械厂、久达机械厂、建新机械厂、群英无线电器材厂、南华仪器厂、长红机器厂、长洲无线电厂、风光电工厂、红星机械厂；凯里10个厂：永光电工厂、宇光电工厂、华联无线电厂、南丰机械厂、长征无线电厂、红云器材厂、新云器材厂、永华无线电仪器厂、红州无线电厂、凯旋机械厂。1974年4月，四机部确定083指挥部的正式名称为"贵州电子工业基地"。

为支援"三线"建设，1965年10月，中共黔东南州委成立了"黔东南州支援三线建设领导小组"，专门负责协调选择厂址、土地征用和建厂工人、民兵的调集等工作。全州先后共有2万余名工人、民兵参加基地建设。1965年至1979年的15年间，在凯里先后建成南丰机械厂等10户军工生产企业，形成了相当规模的电子工业体系。

1.南丰机械厂

始建于1965年8月30日，经国务院国防工业办公室批准，由北京七三八厂包建，厂址位于贵州凯里县东郊二龙村（现凯里市二龙路），1966年12月建成投产，是我国第一家电子计算机生产厂。

建厂当年，研制生产了我国第一台大型电子机 DJS—121 型，从而填补了我国计算机行业的空白，为计算机事业的发展奠定了坚实的基础。建厂初期，南丰机械厂共生产了 200 多台（部）不同型号的大中小型电子计算机，广泛用于国防、科研等行业领域。1970 年 4 月 21 日，中国第一颗人造地球卫星——"东方红 I 号"卫星发射，南丰厂为其提供我国第一台晶体管电子计算机。此后，导弹风洞试验等重大国防军事工程都选用南丰厂生产的产品。为此，南丰机械厂多次受到党中央、国务院、中央军委、电子工业部的高度赞扬和嘉奖。1985 年，时任电子工业部部长的江泽民到厂视察，对工厂的贡献给予充分肯定。1977 年，被电子工业部、贵州评为"大庆式企业"。

南丰机械厂主要产品有晶体管数字计算机、固体化通用数字计算机、半导体数字计算机、电子计算机以及各种微型计算机及其他民用产品。

进入 20 世纪 80 年代，国家调整电子工业产业结构布局，在沿海地区组建电子工业企业，抽调南丰厂大批技术和管理骨干，带走投资产品和项目，工厂逐渐陷入困境。2002 年 11 月，经全国企业兼并破产和职业再就业工作领导小组批准，工厂被列入军工企业政策性破产计划。

2. 凯旋机械厂

1965 年，经国务院国防工业办公室批准创建，1968 年经四机部验收投产的中型电子军工企业，位于贵州省凯里市。

20 世纪六七十年代，主要产品为电子计算机外存储设备和输入设备，如磁鼓、磁带机、纸带穿孔、复孔、校孔机、打印机等。至 80 年代，转为以生产计算器为主。主要产品有多功能便携式微电子计算机、多功能台式袖珍高级电子计算机、打印机、EC 系列电子计算机以及收录机、接线器等民用产品。

3. 宇光电工厂

1966 年 9 月，第四机械工业部决定工厂建在贵州省凯里县开怀公社红岩冲，为军用超高频电子管厂。

1966 年 9 月开始筹建，1970 年 12 月正式通过国家验收投产。工厂先后承担了电调磁控管、低噪声行波管、功率行波管、"O"型返波管、"M"型返波管、反射速调管和多腔速调等 5 个小类 80 余种产品的研制生产任务。从 1971 年到 1994 年的 20 多年间，宇光电工厂为各类雷达、电子侦察、干扰设备、微波通讯、微波仪器等国防电子装备及国家重点工程和国民经济建设提供了约 8 万只超高频电子管，为我国向太平洋海域发射运载火箭、北京正负电子对撞机等提供了优质可靠的配套微波器件，受到国务院、国防科工委以及电子工业部等多次嘉奖。

"七五"期间，国家对三线实施调整，经国务院三线办批准，宇永光电工厂同永光厂、建新厂一道被列入国家"七五"脱险调迁计划。1997 年整体搬迁至贵阳市国家高新技术产业开发区，7 月改名为中国振华（集团）科技有限公司宇光分公司，保留宇光电工厂称号。2004 年，建成国内最先进的陶瓷结构真空灭弧室生产线以及高低压开关成套设备生产线。现在是专门从事高压真空灭弧室、真空断路器及高低压开关成套设备及汽车灯研发、生产和销售的企业，是振华集团所属真空电子器件专业厂。

4. 永光电工厂

始建于 1966 年 9 月，经国家四机部 1966 年 6 月 7 日批准，由北京电子管厂和成都亚光电工厂援建，厂址位于贵州省凯里县开怀公社羊角冲。现已调迁至贵阳市国家高新技术产业开发区。

工厂于 1966 年 9 月 19 日破土动工，由北京电子管厂和成都亚光电工厂援建。1969 年生产出第一批半导体器件，1970 年 12 月 26 日经国家验收正式投产，生产半导体器件。永光电工厂是生产和研制半导体器件的专业工厂，是我国重要的半导体生产骨干企业和军工产品定点生产厂家。产品广泛应用于航天、航空、船舶、通讯、兵器等领域，为国家几十项重点工程作出重要贡献，先后有 12 个品种的产品获国家、电子工业部、贵州省优质产品称号。1977 年获电子工业部和贵州省"大庆式企业"称号。

5. 新云器材厂

始建于 1966 年 9 月 12 日，是经四机部批准成立，由成都有关工厂负责包建的电解容器厂，1970 年 12 月 28 日建成并通过国家验收投产。

建厂初期，工厂铝电解电容器年生产能力设计为 300 万支，钽电解电容器年生产能力设计为 50 万支，薄膜电路 15 万块，产品分三大类 10 余个品种。2004 年，工厂调迁至贵阳市国家高新技术产业开发区。产品广泛应用于航天、航空、电子、兵器、船舶、卫星通信等尖端技术领域和国防重点工程。到 21 世纪初，所生产的 100 多个品种、4000 多个规格的系列钽电解容器达到世界先进水平，成为国内钽电解电容器制造业的排头兵。

6. 永华无线电仪器厂

始建于 1966 年 5 月 14 日，经四机部批准成立，由成都有关工厂负责包建。1966 年 5 月 14 日破土动工，1970 年 8 月 19 日正式验收投产，是生产无线电测量仪器和医用电子产品厂。

初始设计主要产品为信号源、功率计、测量线、频谱仪、衰减器、同轴测量器件等 6 大类。主要产品有频谱分析仪、测试接收机、标准信号源、卫星电视接收设备、微波器件、医疗仪器等，先后为国家"东四工程""东五工程"等项目承担主机或配套设备的研制工作，为国防现代化建设做出了较大贡献，曾受到总参谋部、电子工业部表彰。

7. 华联无线电器材厂

始建于 1966 年 6 月 23 日，经四机部批准成立，由四川绵阳国营 796 厂负责包建，1970 年 12 月 28 日验收投产。

主要产品有多军种、兵种用电子设备、国家重点工程和军用计算机等开关、接插件配套，还具有从磨具设计制造到铸件加工的压铸技术力量和设备，同时先后开发袖珍计算器、电风扇、录音机机芯等民用产品。其产品多次为国防重点工程配套使用，成功参加我国"神舟"一至五号的飞行，多次受到上级部门表彰，被列为国防科工委确定的军工机电元器件研制、生产骨干企业。

8. 长征无线电厂

1971 年 4 月筹建，经中央军委国防工业领导小组和四机部批准成立，由湖北武汉有关工厂负责包建，1975 年建成投产。

建厂之初的产品有军用纸页式电子电话机、传真电报机、快速光电发报机等。1980 年有关工厂并入，生产的军用产品有电容式纸带输入机、ZDCJ—1 型中文电传打字机、"三三一"工程调制器及解调器、回声控制器、六路数字语言终端机等。1984 年 11 月，根据电子工业部有关文件开始生产民用产品——电子电话机。1988 年经过技术改造，年生产电话单机能力达 50 万台。先后生产 HA262 系列电子电话机（有一部分是军品）、300 毫米和 350 毫米台式电风扇、叶片吊扇、HFY-906 型电话机分析仪、CJK-I 型饮酒监控器等。生产的中文电传打字机是室内专用通信设备，获电子工业部科学技术成果二等奖、国防工业重大技术成果三等奖，生产的国家重点工程配套产品为我国通讯试验卫星发射工程做出贡献，受到电子工业部表彰。

9. 红云器材厂

始建于1966年7月，经四机部批准成立，由四川成都有关工厂负责包建，厂址在凯里县翁义村。1970年5月破土动工，1973年进行二期扩建，1976年12月25日竣工验收投产，是无线电陶瓷元器件厂。

工厂研制生产瓷介电容器、压电陶瓷器件、敏感器件三大类产品，有消磁热敏电阻器、音叉谐振器、选频放大器、高压及片状电容器、复合滤波器等，同时也生产各种电视机、收录机等民用产品。其产品广泛适用于卫星、雷达、导航、通讯、计算机、混合集成电路、仪器仪表、电子玩具等。产品为国防尖端项目作出很大贡献，多次受到国务院、中央军委、国防工办、电子工业部等表彰。2004年，工厂调迁至贵阳市国家高新技术产业开发区。

10. 红州无线电厂

始建于1971年4月，经中央军委国防工业领导小组批准成立，1979年10月15日正式建成投产，是当时四机部在大三线建设中唯一的大中功率通讯机厂。

主要产品有黑白电视机、电视差装机、调频广播发射机、与地面卫星配套中频调制机等，还开发了数字电报终端机、心率检测仪、渔轮电台、彩色监视器等民用产品，是中国振华电子工业公司的电镀中心。

同时，中央和贵州省还在自治州配套兴建了八一八职工医院（始建于1966年，1970年7月1日开诊，1984年更名为四一八医院，2008年11月成为贵阳医学院第二附属医院，现为贵州医科大学第二附属医院，是集医疗、预防、教学、科研、保健、康复、急救为一体的现代化综合性国家三级医院）、贵州无线电技工学校1所（1973年始建，1974年更名为贵州无线电工业学校，2000年7月与贵州电子工业职工大学合并组建贵州电子信息职业技术学院，是一所以工科为主，集文、理、经、管等学科为一体的综合性普通高等职业技术学院），以及某基地通讯总站（1968年成立，原为通讯队，1977年8月为通讯总站，2001年撤销建制）、高中1所（创建于1984年6月，时称凯里联合中学，1984年11月更名为中国振华电子工业公司第二中学，2001年4月由黔东南州人民政府接管，更名为黔东南州振华民族中学）。

国防电子基地各厂拥有当时比较先进的技术装备，承担电子计算机及其外部设备、无线电通信机、电子测量仪器电子元器件4大类产品的研制及生产任务，多种产品居国内领先地位，所生产的各种微型计算机广泛运用于国防、科研、教育和国民经济各部门，部分产品还填补了国内空白。中国从发射第一颗人造地球卫星到神舟飞天等尖端科学试验，都有国防电子军工企业提供的优质产品。1975年基地军工企业产值占全州工业总产值的40%。同时，国防电子基地建设还带动了地方电子工业的发展。在此期间，全州相继兴建了标准紧固件厂、喇叭厂、无线电厂、磁性材料厂等数十家地方工业企业，为自治州的工业发展奠定了基础。迁驻州境的各家企业锐意进取，攻坚克难，为中国航天事业、国防建设作出了重大贡献，为地方的经济建设也作出了较大贡献。它们创建的辉煌业绩，受到中共中央、国务院、中央军委、国家电子工业部、信息产业部嘉奖，凯里山城也因此有了新兴电子工业城市的美誉。

1974年4月，四机部确定该基地的正式名称为"贵州电子工业基地"，1976年11月，改称"贵州省第四机械工业局"。1981年，实行股份制改革。1984年8月，电子工业部批复同意成立"中国振华电子工业公司"，1991年12月，更名为中国振华电子集团，后迁驻贵阳。

国防电子基地建设，集中了国家一大批优秀干部、优秀科技人才和其他优秀知识分子。当年他们响应国家的号召，告别了优裕的都市生活来到贫困山区，克服重重困难，数十年如一日在企业中默默无闻地工作着、生活着，为黔东南州的工业建设和城市建设贡献了自己的宝贵青春和聪明才智。

（二）修建湘黔铁路

1936年，民国政府与德国签订修建湘黔铁路的借款协定，并进行初测，后因抗战爆发被迫中止。1958年11月，湘黔铁路开工建设。由于国家遇到三年经济困难时期，这项工程于1961年6月被迫停建。1964年，鉴于严重的国际形势，毛主席、党中央考虑建设中西部战略后方的重大问题，提出"备战备荒为人民"的号召，做出三线建设的重要决策，湘黔铁路被列为三线建设重点工程之一。1969年，中央军委下达修建湘黔铁路的指示，国家决定续建，并决定改线重新进行勘测设计。由于湘黔铁路沿线地势险峻、地质复杂、施工艰难，参加修建铁路的除铁道部及有关铁路局调集9万多人的设计、施工队伍外，还动员湖南、贵州近 80 万民兵投入会战。1970 年 8 月 25 日，根据国务院、中央军委《关于湘黔、枝柳铁路建设会议纪要》，决定续建湘黔铁路。国务院和广州军区、昆明军区组成"湘黔、枝柳铁路会战指挥部"。9 月，根据贵州省革委会、省军区《关于积极完成湘黔铁路会战的意见》和《关于动员民兵参加湘黔铁路会战的命令》，决定部署、动员广大民兵参加湘黔铁路大会战，湘黔铁路会战贵州省指挥部以及铜仁、遵义、安顺、都匀、凯里、毕节、贵阳 7 个分指挥部相继成立。10 月，全面开工建设。

湘黔铁路是"三线建设"的重要工程，1970 年 8 月，中央发出修建湘黔铁路的命令。9 月 6 日，贵州省革委会、省军区发出修建湘黔铁路大龙堡—贵阳段的通知，决定组织 30 万民兵配合铁路专业施工队伍会战。全州派出 100 多名干部、共抽调近 6 万名青壮年民兵，于 11 月初到达建设工地，积极参加湘黔铁路大会战。黔东南州革命委员会、凯里军分区在凯里成立"湘黔铁路会战分指挥部"，投身铁路大会战。黔东南民兵团负责 48 公里的铁路路基建设。经过 1 年零 6 个月的日夜艰苦奋战，黔东南民兵光荣地完成了东起重安江大桥、西至小龙洞，全长 48.18 公里铁路线的施工任务，共挖填土石方 855 万余方，修建小桥梁 76 座、大中桥梁 37 座、隧道 46 座、便道 128 公里，为湘黔铁路建设作出了重大贡献。1972 年 7 月 6 日，湘黔铁路铺轨到凯里站。10 月 13 日，湘黔铁路在施秉县境内的翁塘站接轨，全线建成通车。"铁路修到苗家寨，青山挂起银飘带"，1974 年 9 月 25 日通车典礼的那一天，各族人民身穿节日盛装，兴高采烈、喜气洋洋，载歌载舞，共同欢庆铁路通到苗寨。1975 年 1 月 1 日，湘黔铁路全线正式运营，成为联通西南、中南与华东的重要干线。

湘黔铁路以湖南株洲为起点,经湘潭、新化、玉屏、凯里、贵定到贵阳干线铁路，全长 902 公里。湘黔铁路横穿黔东南苗族侗族自治州，境内长 203 公里，经镇远、施秉、黄平、凯里、麻江等县及 20 多个乡镇，黔东南州境内现设有羊坪站、青溪站、焦溪站、镇远站、水花站、杨柳塘站、谷陇站、宝老山站、加劳站、桐木寨站、凯里站、六个鸡站、白秧坪站等。沿线 126 座桥和 124 个隧道，分别由凯里、麻江、黄平、镇远、施秉 5 个县的民兵日夜巡逻守护，以确保铁路的安全和畅通。湘黔铁路的建成，不仅从根本上改变了黔东南交通闭塞的落后状况，有利于开发自然资源，沟通城乡物资交流，促进工农业发展，而且也提高了黔东南在贵州及西南的战略地位，对促进黔东南经济繁荣、文化交流，加强黔东南与西南各地的政治经济文化联系等，极具战略意义。

三、"文化大革命"时期的经济成就

正当国民经济的调整任务基本完成，开始执行第三个五年计划的时候，随着"左"倾错误的发展，从1966年5月开始，一场长达10年、给党和人民造成严重灾难的"文化大革命"在全国爆发了。

"文化大革命"十年，正值国家实施"三五""四五"计划时期，全州国民经济在曲折中发展。需要指出的是，国家在凯里进行大规模的"三线建设"，州府凯里成为西南地区重要的电子工业基地，带动了地方"五小工业"（小水电、小水泥、小煤炭、小化肥、小机械）和其他行业的发展，建成了一批项目，使工业、建筑业、交通邮电业和商业设施与装备有了较大改善，形成了一定规模的生产能力。煤炭、电力、冶金、化工、机电、建材、森工、制药、食品、纺织、造纸、印刷等工业门类已见雏形，工业行业体系初步建立，并填补了自治州制药、烧碱、磁性器件、标准固件、水泥、塑料制品、电子产品等空白。

四、开展真理标准大讨论和平反冤假错案

1978年12月，党的十一届三中全会召开，全党的工作重点转移到社会主义现代化建设上来，1979年，按照党中央、贵州省委的部署，全州开展了关于真理标准问题的大讨论。通过打破精神枷锁，使解放思想、实事求是的思想路线深入人心。真理标准问题的大讨论，对于促进全州人民思想解放，实现新时期伟大历史转折起到了重要作用。

随着全国思想解放运动和拨乱反正工作的开展，1978年至1987年间，州委、州政府对历史上遗留下来的上万件冤、假、错案进行了全面清查，为各族干部平反冤、假、错案，切实落实党的政策。

1978年6月20日至26日，州委召开全州落实干部政策和信访工作会议，对全州落实干部政策工作进行了部署。此后至1979年底，州委多次召开会议传达中央和省委的精神，安排部署有关民族工作方面的拨乱反正工作，逐步落实党的民族政策。因民族问题而蒙受冤屈的各民族干部，得到了平反昭雪，恢复了

名誉；原被错误判刑、劳改、开除、下放的民族干部，被重新安排了工作。根据国家和省民族、财政部门文件精神，州里拨出 49 万元少数民族地区落实政策补助经费，落实政策补助范围主要是在"文化大革命"中，被错划阶级、错没收财物以及其他冤、假、错案造成经济损失，导致家庭生活困难的少数民族不脱产（半脱产）基层干部和群众；在少数民族聚居区受少数民族案件牵连的汉族不脱产（半脱产）基层干部和汉族群众；因少数民族风俗习惯，如少数民族民间歌手、艺人因为唱民歌、吹芦笙和搞文艺活动而被迫害者；民族乐器如铜鼓等被没收，当地无力退赔者，少数民族爱国宗教人士被错没收财物，生活确有困难者，也给予适当补助。

经全面清查、复查，全州平反了因民族问题而造成的冤、假、错案 114 起，为因民族问题而蒙受冤屈的各民族干部 358 人进行了平反昭雪，重新安排了原被错误判刑、劳改、开除、下放的民族干部 5 人，为 558 名因民族问题而蒙冤受屈的少数民族干部恢复了名誉，为 5570 名民族干部和群众赔偿了部分经济损失，挽回了影响。

第四章 改革开放时期：黔东南各项工作大发展

1978 年 12 月，党的十一届三中全会的召开拉开了中国改革开放的序幕，工作重点转移到社会主义现代化建设上来，改革首先从农村开始，然后推广到城市，经济持续发展，人民生活水平明显提高，黔东南州经济社会文化等各项事业蓬勃发展，促进了各民族共同繁荣。

第一节 从农村到城市：改革开放逐步推进

一、改革开放的起步与农村经济的发展

以党的十一届三中全会为标志，全国进入了改革开放和社会主义现代化建设新时期。

改革首先在农村取得突破。1978 年 12 月，中共中央出台《关于加快农业发展若干问题的决定（草案）》和《农村人民公社工作条例（试行草案）》，强调指出要放宽政策，对于农民"必须在经济上充分关心他们的物质利益，在政治上切实保护他们的民主权利"。这些政策规定，克服了集体劳动记分与分配上的平均主义弊端和社员出工不出力、吃饭靠集体的"大锅饭"思想，使广大农民受到极大鼓舞，为农村改革提供了强大的动力。自此以后，各种不同形式的承包责任制很快在广大农村涌现出来。

1979 年末，黔东南州实行"包产到组"责任制的生产队占总数的 5.7%，实行"包产到户"的生产队占总队数的 4.6%，实行"包干到户"责任制的生产队占总队数的 3.3%。1980 年 9 月，中共中央印发了《关于进一步加强和完善农业

生产责任制的几个问题》的通知，中共贵州省委、黔东南州委也作出了与之相应的决定。据统计，到1980年9月底，全州包产到组的有3764个生产队，占生产队总数的12%；包产到劳动力的有494个生产队，占1.6%；包产到户的有6748个生产队，占21.58%；包干到户的有15806个生产队，占50.56%；其他形式的责任制有782个生产队，占2.5%。1981年，州、县、区三级进一步加强和完善农业生产责任制，全州31259个生产队中，有31103个生产队实行了以大包干为主的家庭承包责任制，并与农户签订了承包合同。[①] 到1982年底，全州实行"包干到户"责任制的生产队达99.96%。生产责任制通过联产计酬，把社员的责、权、利三者有机地结合在一起，把集体经济的统一经营和社员家庭的分配经营有机地结合在一起，较好地体现了按劳分配的原则，打破了长期以来"出工不出力""干多干少一个样"的大锅饭机制，解放了农村生产力。1980年，全州除农业外，仅林、牧、副、渔四业就增收4800多万元，结束了农业年总产值长期在2亿至5亿元间徘徊的局面。1983年增加到6.76亿元。一大批代表着农村经济发展方向的专业户、示范户不断涌现出来。

由于普遍推行和逐步稳定包干到户生产责任制，原有体制已越来越不适应现实的需要。1983年10月，中共中央、国务院发出《关于实行政社分开建立乡政府的通知》，规定建立乡政府作为基层政权，同时成立村民委员会作为群众自治组织。1983年，黔东南州以台江县排羊公社为试点，建立乡人民政府。1984年初在全州铺开，将原人民公社改建为415个乡人民政府，其中民族乡19个。同时新建镇人民政府61个。下半年开始进行政社分开，建立乡党委、乡政府，9月份基本完成。至此，农村人民公社制度在黔东南州不复存在。这一改革，对加强农村基层政权建设，促进农村经济发展起了重要作用。

实行家庭联产承包责任制以后，大批的农村剩余劳动力逐渐从责任地里转移出来，开始从事加工业、商业、运输服务业。州委、州政府于1984年作出了《关于大力发展乡镇企业的决定》。此后，全州乡镇企业异军突起，迅速发展。1986年，雷山县丹江镇乡镇企业发展到197个，从业人员553人，总产值151万元，纳税4.3万元，实现利润16万元。丹寨县合兴水族乡利用当地自然资源，

---

① 黔东南苗族侗族自治州国土资源局：《黔东南苗族侗族自治州国土资源志》，131页，北京，中国文史出版社，2017。

兴办了采煤、采石、陶瓷、铁业制品、建材、运输等乡镇企业 111 个，从业人员 392 人，年产值 122 万元，总收入 118 万元，实现利润 13 万元。1987 年，全州乡镇企业发展到 5 万多个，从业人员 10 万余人，总产值 2 亿多元。乡镇企业的发展是农村经济继家庭联产承包责任制之后的又一个历史性变化，不仅促进了农村经济的发展和农民收入的增加，而且为改变山区贫困落后面貌，转移农村富余劳动力，促进农民脱贫致富，开辟了一条新的道路。

黔东南州自然条件优越，森林资源丰富，素有"宜林山国"之称，是我国南方重点集体林区。改革开放之前，黔东南州林地和林木都属集体所有，林业和农业一样，吃大锅饭之风盛行，严重挫伤了林农发展林业的积极性。改革之风吹进黔东南州后，全州林业经济开始走上了中兴之路，逐渐形成了一支专业性较强的绿化大军。1981 年至 1983 年，各级党委、政府对林业采取了一系列改革措施，如搞好林业"三定"（即稳定山林权、划定自留山、确定林业生产责任制）和提留自主材，开展林工商联合经营，实行以林养林，提高造林补助，调动造林积极性；引进外资，合作造林；出包荒山，收益分成；允许出卖中幼林，解决长短结合问题等，从而加快了造林步伐，提高了造林质量和经济效益，活跃了林区经济。到 1983 年底，全州参加林业"三定"的生产队达到 25693 个，占生产队总数的 83.6%。通过开展林业"三定"工作，改变了过去植树造林仅限于国家和集体两种形式，形成了国家、集体、个人一齐上的新格局。

二、以城市为重点的各项改革

在农村改革取得突破之后，1984 年 10 月，党的十二届三中全会召开，中共中央作出了《关于经济体制改革的决定》，《决定》指出，必须改革在经济体制上长期形成的一种同社会生产力发展不相适应的僵化的模式。从此以后，全国改革的重点开始逐步由农村转向城市。

早在 1981 年 7 月，贵州省人民政府就下发通知，决定把"包"字引进企业，以促进企业内部改革和管理。1983 年，黔东南州对 449 个工业、交通、商业国营企业进行了利改税工作。对较大的企业实行税后利润分成，县以下小型企业税后的利润全部留给企业，用于扩大再生产和解决职工福利待遇。这对进一步扩大企业自主权，促进企业完善经营管理责任制，逐步克服吃"大锅饭"的状况；对于更好地运用税收这一经济杠杆，鼓励先进，鞭策落后，促进国民经济发展方面，发挥了重要作用。同时，按照 1985 年 1 月党中央和国务院出台的《关于进一步活跃农村经济的十项政策》规定，从 1985 年起，黔东南州除了粮食、食用植物油、棉花等少数品种实行合同定购外，其余农副产品全部放开，由市场调节，国营商业企业全部取消了农副产品统购、派购和日用工业品的统购包销，搞活了流通领域，改变了在农村已实行 30 多年的统购派购制度。

在中央和省委的统一部署下，州、县各级领导机构改革也在推进。改革后，新领导班子组成人员的革命化、知识化、专业化、年轻化均有了较大的改变。同时，对一批老干部按照党的政策作了妥善安置，顺利实现了新老交替，一大批年轻干部走上了领导岗位。

在对外开放方面，1983 年 8 月 19 日，国务院批复撤销凯里县，设立凯里市（县级）。麻江县白午公社的翁义、清新两个大队划入凯里市鸭塘公社。1984 年 1 月 1 日，中共凯里市委、凯里市人民政府挂牌办公，凯里市正式建立。下半年，贵州省首家中外合资企业——州进口汽车维修中心落户凯里，拉开了全州企业对外开放、引进外资的序幕。中外合资企业落户黔东南，不仅为黔东南带来了先进的观念、先进的管理和先进的技术，也为苗村侗寨打开了了解外界、进入市场的通道。1985 年，国务院批准凯里市、施秉县、镇远县为乙类开放地区。1986 年 12 月 8 日，经国务院批准，镇远被列为第二批国家历史文化名城。1987 年，台江县也获准为对外开放地区，镇远潕阳河、青龙洞先后获国家级风景名胜区、国家级重点文物保护单位称号。雷山县上朗德作为典型的苗族村寨，被作为州首批民族旅游村寨对外开放。黔东南州对外开放的知名度得到提升，黔东南州的旅游业开始起步。

在推进改革、扩大开放的大潮中，一些国有企业通过一系列改革措施，企业实力增强。1984 年底，凯里涤纶厂开始筹建，设计规模为年产涤纶长丝 5000 吨，总投资 6000 万元，1986 年破土动工，1987 年 10 月投产，因是从国外引进成套设备，具有 20 世纪 80 年代先进水平，建成投产后，连续数年利税超千万，成为黔东南的利税大户，并填补了贵州省无化纤工业的空白。凯里棉纺厂于 1981 年 4 月开始筹建，设计能力为年产纱锭 33280 枚，线锭 5700 枚，总投资 2955 万元，1984 年 7 月 23 日举行生产开工典礼，产品主要有棉纺和棉布各 6 种规格。凯里氧化铝厂1987年筹建，工程投资1.3亿元，2000年一期工程正式投产，设计能力为年产氧化铝4.6万吨。凯里造纸厂、凯里玻璃厂、凯里化肥厂、凯里发电厂、贵州青溪酒厂等一批国有企业生产的产品市场销售较好，经济效益可观。原来国有企业那种政企职责不分、国家对企业统得过死，忽视商品生产、价值规律和市场作用，分配中平均主义严重，造成企业吃国家"大锅饭"、职工吃企业"大锅饭"的局面得到改变，企业和职工的积极性明显提高。

在推进改革开放的同时，各级党委、政府注重"两手抓"，精神文明建设取得初步成效。从1983年起，全州开展了"五讲四美三热爱"活动，涌现出了一批"五讲四美三热爱"先进个人和"三八红旗手""五好家庭""五好农民""文明村寨""青年之家"。与此同时，加强了社会治安，依法从重从快地打击了一批犯罪分子，社会秩序、社会治安状况明显好转。

在科教文化建设方面，全州文化机构和设施逐年增加，多数县建起了新华书店、群众文化馆；民族民间风俗习惯受到尊重，群众文化艺术活动日益活跃；一批少数民族作家、作者和民间艺术人才脱颖而出，民族歌舞、民间艺术走出黔东南、走向全国，获得好评。1976年，雷公山调频电视转播台建成。1986年，凯里市建成全州第一座卫星地面收转站，收转中央电视台第一套电视节目。各县相继建立了卫星地面收转站，卫星电视信号取代雷公山调频电视转播台的信号，电视转播质量有了质的飞跃。至1980年2月，全州16个县民族工作机构先后恢复和建立。随后两年间，州内各级各类民族工作机构也先后恢复和建立，设置了州、县人大常委会民族委员会和政协民族宗教委员会，恢复了黔东南民族师专、州民族语言文字办公室、黔东南报社、州民族歌舞团等民族工作机构的正常工作，建立了州民族行政干部管理学校、州民族研究所、州民族博物馆等民族工作专业机构，丹寨民族中学等7所民族中学、26所民族小学、4所民族师范相继恢复和建立，自治州民族工作开始走上健康发展的轨道。1983年6月25日，州委、州政府批转州委宣传部、州民委《关于开展"民族团结月"活动的安排意见》，决定将每年7月定为全州"民族团结月"，将7月23日定为州庆纪念日，全州放假一天。按照《意见》安排，每年7月在全州开展宣传党的民族政策，提倡"五讲四美三热爱"，增进民族团结、树立社会主义新风的活动。

第二节　改革开放向纵深发展

一、全面推进改革开放与探索深化发展

随着农村改革取得突破和以城市为重点的各项经济体制改革的全面推进，政治体制改革也逐步摆上了议事日程。

在建立和实行党政分工制方面，1987 年，黔东南州对各级党政职能进一步进行了明确与分工，同时在工矿企业中全面推行厂长（经理）负责制，明确工矿企业党委工作的重点是抓党的建设和职工思想政治工作，起到核心和保证、监督的作用。

在深化干部人事制度改革方面，按照"管好、管少、管活"原则改革干部管理制度，明确州委管理干部的范围，对全州干部管理实行"分级分部，层层负责"。改革党政领导制度，深化党政领导干部选拔任用制度改革，引进竞争激励机制，规范党政领导干部正常流动。采取各种措施，强化少数民族干部、年轻干部、后备干部的培养选拔工作。对企事业单位的人事制度进行改革，在各类事业单位普遍推行聘用制度，建立岗位管理制度，形成了人员退出机制，企业普遍享有与法人资格相应的人事任用权、专业技术职务聘任权、工资分配权和辞退权。

在推进行政管理体制改革方面，1982 年至 2003 年，全州行政管理体制由相对单一的"精简、统一、效能"向"着力转变职能、理顺关系、优化结构、提高效能"转变。1983 年至 1984 年两年中，按照《宪法》规定和中央、省的有关文件精神，在全州范围内，将长期设置的政社合一的人民公社体制改建为乡、镇人民政府，实行政社分开。与之相适应，将原来的生产大队、生产小队分别改建为村民委员会和村民小组。根据省委、省政府《关于开展建镇并乡撤区工作的指示》精神，州委、州政府于 1991 年 4 月至 9 月在台江县进行了试点。在此基础上，建镇并乡撤区工作在全州铺开。"建并撤"前，全州 16 个县市，有 72 个区、412 个乡（其中民族乡 23 个）、80 个镇（其中区级 16 个）、6 个街道办事处、3537 个村民委员会、29128 个村民小组、159 个居民委员会、1284 个居民小

组。1992 年 4 月完成"建并撤"以后，全州 16 个县市，有 104 个乡、17 个民族乡、83 个镇、5 个街道办事处、3541 个村民委员会、29132 个村民小组、168 个居民委员会、1306 个居民小组。这一改革，有利于加强基层政权，减少中间层级，优化资源配置，促进经济发展。

在机构改革方面，1983 年对州直党政群机构进行了调整，1996 年 8 月至 9 月，对州级党政机构实行改革。1996 年 8 月，州委、州政府发出《关于州级党政机构设置的通知》，州级党政机构设置 45 个，比原有机构减少 11 个，精简 19.6%；另设部办管理的机构 4 个。机构改革后，州委工作部门一般称部，州政府工作部门一般称局。部、办、委、局均为正县建制，不设副县级工作部门。州中级人民法院、州人民检察院为正县级建制，院长、检察长可配副州级干部。州委各部门的内设机构和人员精简比例一般为 10% 左右，州政府各部门精简比例一般为 15% 左右。机关后勤服务机构的名称统称为机关服务中心，为事业单位，按机关编制数的 10% 左右核定。机构改革中，人员分流的主要途径：一是鼓励干部走出机构创办第三产业或从事其他经营活动；二是选派优秀年轻干部到县市、乡镇任职或到各类事业单位和经济实体工作；三是对已达到退休年龄的干部及时办理离退休手续，接近离退休年龄的干部，如本人自愿，经组织批准，可以提前退休；四是将部门符合条件的人员充实到政法、经济监督、信息咨询部门；五是坚决清退临时人员和借调人员；六是改革机关后勤管理体制，建立后勤服务组织，在机构、编制、经费等方面与机关分开。1999 年 1 月 13 日，州委、州政府对党政群机关、事业单位干部职工实行"三三"分流，即干部职工的三分之一处理日常工作，三分之一到乡镇、街道和厂矿企业等基层帮助工作，三分之一创办经济实体或发展非公有制经济。

在国有企业改革方面，1992 年 3 月 14 日，州委、州政府发出《关于进一步搞好国营工业企业的意见》。提出要进一步落实企业自主权，放开产品价格。除国家和省直接严格控制的产品外，其余产品可随行就市，由企业根据市场供求情况自行定价；企业可根据其效益情况和国家、省、州有关改革开放的规定，在国家控制的工资总额内确定本企业的分配办法；"八五"期间，盈利企业在保证 1991 年上缴利税基础上，经财政部门批准，在总销售收入的 1% 以内提取资金，作为国拨流动资金注入企业；提倡从党政机关中选派优秀干部到企业任职或挂职。

"九五"期间提出，以建立现代企业制度为目标，加快国有企业转换经营机制步伐。对中小型企业，重点实施股份制及股份合作制改造，通过产权重组，进一步盘活国有资产存量；划小核算单位，先把有条件的车间、分厂搞活，通过"一厂多制"和"一业为主，多种经营"，使企业转机建制工作逐步到位；积极稳妥地进行企业关停并破卖工作；实施再就业工程，加快建立社会保障制度。

为了使国有企业改革积极稳妥地推进，每一次重大改革前，州委、州政府都在凯里棉纺厂等企业先行试点。1996年1月，在全州经济工作会议上，讨论了《黔东南州企业产权制度改革方案》。1997年12月，按照中央和省要求，取消乱收费项目，治理向企业乱收费、乱罚款和各种摊派，切实减轻了企业负担。1998年4月1日，州委、州政府成立黔东南州企业产权制度改革领导小组，着手开展凯里棉纺厂现代企业制度试点的实施工作。

在宏观管理体制改革方面，州委、州政府加强了市场和物价管理，建立了主要商品储备制度和价格调节基金制度；巩固和完善新财税制度。稳步推进金融体制改革，积极筹建城乡合作银行；继续推进和完善外贸体制改革；加快计划投资体制改革。

在对外开放方面，州委、州政府加快了招商引资步伐，决定以开放促开发。加快开发区建设，实行"小区突破、整体推进"战略，小城镇建设规划全面铺开。鼓励机关人员分流办经济实体。

1990年9月24日至28日，中共黔东南州第五次代表大会在凯里召开。大会的正式代表349名，代表着全州9.96万名党员。选举胡贤生（苗族）为州委书记，方光林、杨恒昌（苗族）、吴邦建（侗族）为州委副书记，吴寿通（苗族）、刘宗宇（侗族）、汪奕义、杨斌（苗族）、吴才运（侗族）、姚茂森（侗族）、姚康乐为州委常委。选举吴才运（侗族）为州纪律检查委员会书记。大会提出今后5年的奋斗目标是，按可比价格计算，国民生产总值年平均增长6%，国民收入年平均增长5.7%，工农业总产值年平均增长6.3%。其中，州及州以下工农业总产值增长6.3%，财政收入年平均增长8.1%，粮食总产量年平均增长2.5%，主要农副产品和工业品产量有较大增长，基本上解决贫困地区温饱问题，进一步提高人民群众生活水平。

二、建设改革开放试验区的尝试

1992年1月，改革开放总设计师邓小平先后视察了武昌、深圳、珠海、上海等地，并发表了著名的南方谈话，从理论上回答了长期困惑和束缚人们思想的许多重大认识问题。在邓小平南方谈话精神指引下，1993年6月，国家民委、国家体制改革委等15个国家部委联合组成考察团，在对边远贫困民族地区经济状况及人民群众生活水平情况进行深入细致的调查后，深刻指出，民族地区经济发展问题不仅仅是经济问题，也是社会问题、政治问题，民族地区经济政策不能一刀切。随即向中央提出在民族自治地方设立试验区，对民族地区经济政策进行探索。

1994年1月20日，根据中央关于研究内陆、边疆和民族自治州地区加快改革开放的有关具体政策，通过在这类地区建立不同类型、各具特色的改革开放试点单位，探索积极推进内陆和少数民族地区改革的路子和办法的精神，国家民委和国家体改委联合行文批复同意，选择贵州黔东南苗族侗族自治州、内蒙古呼伦贝尔盟和乌海市、吉林延边朝鲜族自治州、甘肃临夏回族自治州、青海格尔木市、新疆伊犁哈萨克自治州为第一批"民族自治地方改革开放试验区"，探索加快民族自治地方改革开放和经济发展的路子和办法，率先建立社会主义市场经济新体制。这是探索加快民族自治地方经济社会发展的重大历史机遇。

黔东南州被列为全国第一批"民族自治地方改革开放试验区"以后，全州上下群情振奋。州委、州政府紧紧抓住这一历史性机遇，开展了一系列卓有成效的工作，制定出台了一系列优惠政策，力求在林业改革、农村改革、个体私营经济及乡镇企业发展、对外开放、人才使用等五个方面实现重点突破。

在非公有制经济发展方面，州委、州政府主要领导同志强调，要破除怕政策变、怕"红眼病"、怕冒富的"三怕思想"，坚信党允许和鼓励个体私营经济发展的政策不会变，要求广大个体私营者安心经营，放开手脚，敢闯敢干，敢于增加投资，敢于扩大经营规模，敢于拓宽经营范围。为了鼓励发展，州委、州政府作出了《关于大力发展个体私营经济的决定》，明确规定：要把发展个体私营经济作为全州改革开放试验区建设和发展经济的一个重要突破口；实行先放开、后管理，先发展、后规范政策；鼓励党政机关的离退休干部开办私营企业，准许企事业单位工作人员从事第二职业；放宽经营范围、放宽经营方式、简化办证手续；鼓励高新技术产品和创汇产品企业发展，制止乱收费、乱摊派、乱罚款。至 1994 年底，全州个体工商户、从业人员、注册资金分别比上年增长 11.4%、11.7% 和 32.6%；私营企业户、投资者、注册资金分别比上年增长 40.1%、28.6% 和 54.2%；个体私营企业交纳税金占地方财政收入的 23.9%。

在推进试验区建设过程中，州委、州政府主要领导同志多次强调，要解放思想，抓住机遇，敢想、敢说、敢干、敢为人先；要立足当前，着眼长远，以民族区域自治法为法律依据，以脱贫致富奔小康为目标，以改革开放为主线，着眼于启动试验区经济发展的内部活力，坚持高起点，大胆探索，选准和明晰试验区开展超前性、突破性试验的着眼点和突破口，重点进行政策的超前性和突破性试验，努力走出一条适合当地经济发展的路子。

1994 年 10 月到 1995 年底，全州上下紧扣"加快我州改革开放试验区步伐"主题，开展大讨论，并组建机构，建立试验区项目库，开展系列活动。同时，制定优惠政策，积极引进外资，大力发展个体私营经济，开展林业改革试验。把林业综合开发纳入全州"八七"扶贫攻坚的主战场，进行改革开放试验，积极探索加快自治州改革开放和经济发展之路。

三、继续深化农村改革与扶贫攻坚

1996 年 12 月 11 日至 15 日，中共黔东南州第六次代表大会在凯里召开。出席会议的正式代表 348 名，代表着全州 11.6 万多名党员。大会认为：面对到本世纪末扶贫攻坚的繁重任务，提出要集中精力发展经济，加快脱贫步伐，努力实现"九五"计划。面对加快发展、扶贫攻坚的繁重任务，党代会提出，在经济工作方面，今后五年主要抓好"农业、农村经济和扶贫开发，加快发展林业产业，加强以交通、能源、通讯为主的基础设施建设，大力发展非公有制经济和乡镇企业"。

黔东南是农业大州，农业的基础地位不可动摇。在积极推进各项改革向纵深发展的同时，州委强调，要稳定和完善以家庭承包经营为主的党在农村的一系列政策，在继续稳定家庭联产承包责任制和不断完善统分结合的双层经营体制的基础上，逐步壮大村级集体经济，积极发展农业社会化服务体系；要在决不放松粮食生产的同时，积极发展多种经营；要发挥山区优势，大办绿色工程；要进一步做好扶贫工作，促进贫困地区的经济发展；要增强科教兴农意识，大力推广农业适用技术；要搞活农产品流通，充分发挥供销社农产品流通的主渠道作用，并鼓励农民进入流通领域；要调整农业结构，利用州内资源优势，搞好农业综合开发；要加快乡镇企业发展，帮助贫困山区农民脱贫。

关于深化土地使用制度改革问题。从 1994 年起，全州耕地承包期再延长 50 年，非耕地资源的承包使用期再延长 60 年。不准将原来的承包地打乱按现有人口重新发包，不准打破村民组土地所有关系界限重新平均承包。继续实行"增人不增地，减人不减地"的政策，农户承包的土地既不调进，也不调出。为了加快"四荒"地拍卖步伐，探索土地使用权有偿转让的路子，1997 年 7 月 15 日至 16 日，全州"四荒"（荒山、荒坡、荒水、荒滩）使用权流转经验交流会在凯里举行。会议明确指出，"四荒"资源流转可以是家庭承包、联户承包、集体开发，也可以搞租赁、股份合作和拍卖使用权。"四荒"资源的拍卖、协卖和开发治理，对于进一步解放农村生产力，控制沙土流失，提高土壤肥力和土地利用率、产出率，对于保护、改善和优化生态环境，加快农民脱贫致富步伐，具有重要意义。据不完全统计，全州"四荒"资源通过各种形式开发 392 万亩，占"四荒"面积的 17.7%，开发成交额 247 万元，开发收益 1.4 亿元，其中拍卖近 5000 亩。

1995 年，黔东南州开展了减轻农民负担工作。经过一年多时间的清理，州级宣布取消涉及 14 个部门共计 99 项收费项目。

从 1998 年开始，州委、州政府着力推进农业产业化经营。主要措施是：调整农业结构，推进农业产业化进程，实行计划开发、规模开发、科技开发，上批量、上规模、上档次，建成高起点、高规格、大规模的基地，形成有特色的主导产业。一要变单一种粮结构为多种经营、多种成分并举；立足优势，培育支柱产业；开拓市场与培育龙头企业并举；加大科技含量；拓宽产业化经营渠道。二要推进农业产业化进程，大力发展以优质高效为特色的粮油产业、以名特产品为龙头的果品产业、以优质品种改良与传统品种相结合的畜牧水产业、以林产品加工为依托的林产工业、以中药材为主业的医药业。三要培育支柱产业，走企业＋基地＋农户的发展路子。要从培植典型入手，走一户带多户，多户带全村，一村带多村，多村成基地的路子，大力发展专业大户、专业村寨、专业乡镇，形成区域规模，创建自己的品牌产品；同时要大力培育和发展种养加、产供销、贸工农、农科教一条龙、一体化的经济组织；深化林业改革；抓紧组建一批有地方特色的专业批发市场，尽快形成具有较大规模、较大辐射力的区域批发市场。

关于林业方面。1990年，省委作出《关于十年基本绿化贵州的决定》后，州委结合实际认真贯彻落实，提出"七年消灭荒山、十年基本绿化黔东南"的目标。坚持造、封、管、节的方针，走以短养中、以中促长、中长短相结合的路子，进一步稳定和完善林业政策，迅速掀起造林绿化的群众运动。11月20日，州委书记胡贤生到凯里市挂丁镇大沟冲办点，以此推动全州"造林绿化"工作。1992年11月，全州林业会议提出：要以市场为导向，以森林资源为依托，形成营林造林、木材生产、林产加工、多种经营并重的绿色产业；把林场办成林业经济实体，并抓好木浆造纸，林产化工，高档家具、高档建材、高档装潢，食品系列，工艺品等5个龙头。随后提出要围绕资源培育和开发利用两大主题，调整林种结构，定向培育基地示范林，建立和搞活林业骨干企业，建立森林资产转让市场，推行乡村集体林场股份合作制，成立林业基金会，探索"大林业"管理体制，进一步完善和实施中幼林、经济林转让政策，进行产销见面试点。1994年，麻江、丹寨、凯里、锦屏、雷山5县市率先实现灭荒达标。1995年，榕江、从江、岑巩、剑河、黄平、天柱、施秉7县完成造林灭荒任务。1996年底，黎平、三穗、镇远、台江4县也完成了造林灭荒任务。1996年全州实现灭荒绿化达标任务，比省委、省政府的要求提前4年，在全省率先达标，造林绿化居全省先进行列。其中，麻江、锦屏、榕江、丹寨被评为全国造林绿化"百佳县"，全州森林覆盖率由改革开放之初的23.7%上升到41%。

关于扶贫攻坚方面。黔东南州是个典型的少数民族贫困山区，贫困面大，贫困程度深，全州16个县市中就有14个国家级贫困县，83个极贫乡，888个极贫村，非贫困县市也有贫困乡镇和贫困人口。改革开放之初，全州贫困人口超过280万人，占全州总人口的92%。

消除贫困，最终达到共同富裕，既是社会主义的本质要求，也是州委、州政府始终不渝的任务目标。1985年，国家制定扶贫政策，确定贫困线为人均纯收入200元以下，人均粮食200公斤以下。按照这一标准，黔东南的雷山、台江、剑河、从江、榕江、黄平、丹寨等7个县被确定为贫困县。在国家的支持下，从

1986 年开始，州委、州政府在全州范围内开展了有计划、有组织、大规模的开发式扶贫，取得了初步成效。

　　1994 年，国家开始实施"八七扶贫攻坚计划"，决定用 7 年左右的时间基本解决全国农村贫困人口的温饱问题。国家重点扶持贫困县的具体标准是：以县为单位，1992 年年人均纯收入低于 700 元。根据这个标准，黔东南州列入《国家八七扶贫攻坚计划》的贫困县有黎平、从江、榕江、雷山、台江、剑河、麻江、丹寨、黄平、施秉、岑巩、镇远、天柱等 13 个县。1996 年，中央发出东部较发达省市对口帮扶西部欠发达地区的号召。按照国务院的安排，大连、青岛、深圳、宁波 4 个计划单列市对口帮扶贵州，这是党中央、国务院落实缩小中西部地区发展差距，加快贫困地区脱贫致富步伐的一项重大措施。其中，宁波市对口帮扶黔东南州，帮扶的原则是"优势互补、互惠互利、长期合作、共同发展"。在中央及社会各界的大力支持下，经过广大党员干部和各族群众的艰苦奋斗，黔东南州扶贫开发不断取得阶段性成果，农村贫困人口逐年减少。1996 年，全州 30 万农村贫困人口解决温饱，岑巩县率先越过了温饱线。1997 年，全州有 27 万贫困人口解决温饱，施秉、天柱、三穗 3 个贫困县越过温饱线。到 2000 年末，全州农村贫困人口由 1993 年扶贫攻坚前的 179 万减少到 2000 年的 40.2 万，13 个贫困县农民人均纯收入从 1993 年的 570 元增加到 2000 年的 1187 元。全州农民人均纯收入 3163 元，贫困人口减少到 61.31 万人，10 年共减少贫困人口 60.38 万人。至此，全州 13 个贫困县已基本实现了越过温饱线的目标，顺利完成了"八七扶贫攻坚计划"的任务。

　　关于经济强镇建设方面。1999 年 7 月 23 日，经贵州省人民政府批准，成立以高新产业为主，兼有金融、商业、教育、医疗以及民族文化、旅游设施等具有较强城市功能的综合性经济开发区——凯里经济开发区。2000 年 5 月 9 日，中共黔东南州委、州人民政府发出《关于建设经济强镇的实施意见》。《意见》将凯里市鸭塘镇、三棵树镇、炉山镇，丹寨县龙泉镇，麻江县杏山镇、下司镇，黄平县新州镇、旧州镇，施秉县城关镇、牛大场镇，镇远县㵲阳镇、羊坪镇、青溪镇，岑巩县思阳镇，三穗县八弓镇，天柱县凤城镇、邦洞镇，锦屏县三江镇、敦寨镇，黎平县德凤镇，从江县丙梅镇，榕江县古州镇，雷山县丹江镇，台江县台拱镇，剑河县柳川镇列为全州第一批建设经济强镇，提出对其实行重点扶持，进行导向性建设，逐步形成以凯里为中心，沿铁路、公路干线连线成片的经济带。

四、继续推进民主法制建设

在经历了十年"文化大革命"以后，党和国家十分重视法制建设。1982年12月，五届全国人大五次会议通过了修改后的《中华人民共和国宪法》。新宪法体现了建设有中国特色社会主义的指导思想，确认了"任何组织或者个人都没有超越宪法和法律的特权"。在实行民族区域自治方面，新宪法规定：民族自治地方的"人民代表大会常务委员会中应当有实行区域自治的民族的公民担任主任或者副主任"（第一百一十三条）；自治州州长，"由实行区域自治的民族的公民担任"（第一百一十四条）；"自治机关在国家计划指导下，自主地安排和管理地方性的经济建设事业"（第一百一十八条）；"经国务院批准，可以组织本地方维护社会治安的公安部队"（第一百二十条），"自主地管理本地方的教育、科学、文化、卫生、体育事业，保护和整理民族的文化遗产，发展和繁荣民族文化"（第一百一十九条）等。根据新宪法的原则，1984年10月1日，《中华人民共和国民族区域自治法》颁布实施，这标志着民族地区的自治权进一步扩大。

黔东南州在贯彻施行新宪法和《中华人民共和国民族区域自治法》的过程中，突出抓了几方面工作：一是全州恢复和新建了23个民族乡（1992年"建镇并乡撤区"以后，又由23个民族乡重新组建为17个民族乡）；二是出台了《进一步加强民族工作，促进经济社会发展意见》等系列文件；三是制定了《黔东南苗族侗族自治州自治条例》等地方性的民族法规；四是依法选举由苗族、侗族公民担任州人大常委会主任、州人民政府州长等；五是出台了《关于进一步加强民族干部培养的意见》；六是认真贯彻执行党的宗教政策，尊重少数民族的宗教信仰自由，加强对宗教界爱国人士的爱国主义、社会主义和守法教育。1988年1月1日，《黔东南苗族侗族自治州自治条例》正式颁布实施。此后，随着形势的发展又进行了修订完善。《中华人民共和国民族区域自治法》等法律法规在黔东南自治州的贯彻实施，对巩固社会主义平等、团结、互助、和谐的民族关系，促进民族自治地方政治、经济、文化的发展和各民族共同繁荣进步发挥了重要作用。通过贯彻实施新宪法和民族区域自治法，黔东南少数民族干部队伍不断壮大，年龄结构、文化结构、专业结构逐步改善，民族地区平等、团结、互助、和谐的社会主义民族关系得到进一步加强，全州政治、经济、文化、教育等方面得到全面发展。1997 年 9 月，中共黔东南州委作出《关于开展依法治州工作的决定》，对依法治州工作进行了全面安排部署，《决定》要求，继续加强民族自治州立法工作，加大依法行政、公正司法的力度，深入开展法制宣传教育，扩大基层民主。《决定》的颁布实施，强化了对干部群众的普法学习和宣传教育，全民的法律意识不断增强，"有法可依、有法必依、执法必严、违法必究"的观念逐步深入人心，依法行政、公正司法的水平不断提高。

第三节　西部大开发：探索黔东南腾飞新路径

西部大开发是中共中央贯彻邓小平关于中国现代化建设"两个大局"战略思想、面向新世纪作出的重大战略决策，全面推进社会主义现代化建设的一个重大战略部署。国家实施西部大开发战略，拉开了黔东南全面建设小康社会的新时期。黔东南州经济持续发展，人民生活水平显著提高，经济社会文化等各项事业蓬勃发展，促进了各民族共同繁荣。

一、实施西部大开发与黔东南经济社会发展

1999 年 11 月，中央经济工作会议做出部署，要抓住时机，着手实施西部地区大开发战略。2000 年 1 月，国务院西部地区开发领导小组召开西部地区开发会议，研究加快西部地区发展的基本思路和战略任务，部署实施西部大开发的重点工作。2000 年 10 月，中共十五届五中全会通过的《中共中央关于制定国民经济和社会发展第十个五年计划的建议》，把实施西部大开发、促进地区协调发展作为一项战略任务，指出实施西部大开发战略、加快中西部地区发展，关系经济发展、民族团结、社会稳定，关系地区协调发展和最终实现共同富裕，是实现第三步战略目标的重大举措。1999 年 11 月，中共贵州省委八届四次全会对全省实施西部大开发战略作出部署。实施西部大开发战略，对黔东南州来说无疑是一次

千载难逢的历史机遇。2000年3月，州委、州政府发出《关于在全州集中开展"西部大开发、黔东南怎么干"大讨论的安排意见》，4月10日，州委、州政府召开"西部大开发、黔东南怎么干"大讨论动员大会，标志着黔东南州新一轮解放思想大讨论在全州范围内正式启动。

2000年8月11日，州委、州政府颁发了《关于我州实施西部大开发战略的初步意见》。《意见》明确指出，黔东南州是大西南与华中、华南进出口的门户，是长江、珠江中下游的重要生态屏障。州内生物资源和旅游资源优势突出，能源、矿产储备丰富。指出今后工作重点：一是抓好以交通为重点的基础设施建设；二是加强生态环境保护和建设；三是调整结构，大力发展优势产业和特色经济；四是加快民族文化与生态旅游大州建设步伐；五是抓好小城镇建设，加快城镇化进程；六是大力发展非公有制经济和乡镇企业；七是发展科技教育，搞好人力资源开发；八是深化改革，扩大开放，以大开放促大开发；九是努力提高人民生活水平，加快富民兴州步伐。

2001年3月，九届全国人大四次会议通过的《中华人民共和国国民经济和社会发展第十个五年计划纲要》，对实施西部大开发战略进行了具体部署。

2001年3月26日至29日，中共黔东南州第七次代表大会在凯里召开。出席会议的代表350名，代表着全州12万多名党员。大会审议通过了刘光磊代表中共黔东南州第六届委员会所作的题为《抢抓机遇，加快发展，为夺取富民兴州宏伟事业的新胜利而努力奋斗》的工作报告，选举产生了中共黔东南州第七届委员会。大会明确提出，今后五年，要全面推进实施西部大开发战略，把发展作为主题，把结构调整作为主线，把改革开放和科技进步作为动力，把提高人民生活水平作为根本出发点，坚持经济社会协调发展，切实加强农业基础地位，突出抓好以交通为重点的基础设施建设和支柱财源建设，加快国有企业改革步伐，大力发展非公有制经济和乡镇企业，加快民族文化生态旅游大州的建设步伐，大力发展科技教育，切实加强精神文明建设和民主法制建设。州第七次党代会的胜利召开，指明了全州未来五年的发展方向、主要任务和奋斗目标，极大地鼓舞了全州各族人民实施西部大开发战略、干事创业的热情。

二、凯麻经济开发产业带建设

凯里至麻江高速公路是贵州省第一条高标准的高速公路，是国家规划的国道主干线上海至瑞丽公路贵州境东段，它起于凯里市三棵树镇，向西途经鸭塘、下司、隆昌，在麻江与贵新公路麻江联络线相连接，全长50.9公里，全线路基宽度24米，设计行车时速80公里／小时。凯麻高速公路交通部批准投资为15.6亿元，建设工期为3年零6个月。

1999年1月，州委决定利用全省第一条高速公路——凯（里）麻（江）高速公路开工建设之机，作出开发建设凯里至麻江绿色通道产业示范带的决定。1月25日，州委、州政府出台《关于实施农业产业化的意见》。随后，成立了由州委书记刘光磊任组长的产业带协调领导小组。3月3日，州委召开产业带建设动员会。会议要求，产业示范带建设要着眼于高起点、高标准、上档次，要派大批的干部下去，要经过三至五年的苦干实干把产业带建成，使产业带发挥其试验、示范、带动和辐射作用。同时，要通过产业带建设，推动机构改革和机关人员分流工作进程，使产业带成为培养锻炼干部的重要阵地。随后，州委从州直机关抽调149名干部，组成5个工作队48个工作组，经过培训后分赴凯里鸭塘镇、三棵树镇、麻江下司镇、杏山镇、碧波乡等地共48个村，驻村帮助开展工作。

3年的产业示范带建设取得了明显成效，尤其是在优质农产品基地建设、沼气生态农业建设、稻鱼工程、稻田综合开发、生态休闲园林和花卉苗木基地建设、养殖和特种养殖、民族风情旅游等方面，都探索了一些成功的路子，积累了一些经验。在产业示范带建设过程中，一大批干部得到了锻炼成长。2002年1月，凯麻通道经济开发产业带总结表彰大会召开。会议总结了3年来凯麻产业带开发建设成就、开发建设项目效益及主要经验作法，表彰了一批先进个人和先进工作集体。

三、从旅游大州到"六州"战略

黔东南州是西南地区重点林区，贵州10个全国重点林业县有8个在黔东南州。长期以来，黔东南州的财政收入主要来源于林木。在国家调整林业政策，天然林禁伐以后，全州减少财政收入数千万。如何探索新的经济增长点，是全州各级党委、政府苦苦思考并不断探究的重要课题。

中央作出实施西部大开发的战略部署和贵州省委、省政府提出"5年打好基础，10年重点突破，15年初见成效"的总体目标后，围绕《关于我州实施西部大开发战略的初步意见》，提出"十五"奋斗目标。1999年底，州委、州政府依托黔东南州浓郁的民族文化和丰富的旅游资源，明确提出"把旅游业建设成为我州的支柱产业，成为我州国民经济的重要增长点，把旅游业作为第三产业的龙头来抓"。《黔东南州旅游业发展总体规划（1999—2015）》在贵阳通过评审，标志着建设"生态与民族文化"旅游大州定位的初步确定。12月16日，州委常委会议讨论通过《关于加快旅游业发展，建设旅游大州的决定》，作出建设民族文化生态旅游大州的战略决策。18日，全州旅游工作会议召开，强调要解放思想、统一认识、把握机遇，加快旅游业发展，建设旅游大州。

2000年2月，州委、州政府颁发了《关于加快旅游业发展建设旅游大州的决定》。《决定》指出，要把旅游业的发展摆在重要战略地位，建设民族文化与生态旅游大州。重点建设三条旅游线，即以凯里为代表，包括麻江、雷山、台江、剑河、丹寨的苗族风情旅游线；以潕阳河为中心，包括黄平、施秉、镇远、岑巩以及三穗、剑河、台江等一部分景区景点的旅游线；以黎平为代表，包括榕江、从江、天柱、锦屏的侗族风情旅游线。2001年3月，州第七次党代会提出，要树立大旅游的观念，打好民族文化和生态旅游这两张牌，以大思路、大手笔、大动作构建以凯里为中心的苗族风情旅游区，以潕阳河为中心的山水风光、人文景观风景名胜区和以黎平为中心的侗族风情名胜区三个旅游经济带，把旅游业培养成为黔东南州的一大支柱产业。

2002年2月，在台江县举办的贵州苗族姊妹节旅游推介座谈会上，州政府明确提出了"政府引导，民间承办，市场运作，确保社会效益、经济效益的最大化"的办节思路，并组织积极探索和实践。"中国·凯里国际芦笙节暨民族服饰文化节""雷山苗年节""台江苗族姊妹节""中国凯里国际芦笙节""中国黎平侗族鼓楼文化艺术节""从江侗族大歌节""施秉杉木河漂流节"等一系列节庆活动，特别是第三届贵州旅游产业发展大会在雷山县西江千户苗寨的成功举办，对改善旅游交通条件、全面提高接待服务能力、全方位提升旅游知名度和美誉度、加快全州旅游业的发展起到了极大的推动作用，闯出了一条独具特色的政府主导、市场运作、媒体参与的新路子，推动了全州旅游业的快速发展。

在推进旅游业发展的进程中，针对一些干部思想的认识问题，2002 年 3 月 18 日，在全州旅游工作会议上，州委强调，实施建设民族文化和生态旅游大州的战略，绝不是简单地套用他人的提法和做法而不顾本州的客观实际，绝不是一个简单的口号和抽象的目标，也不是一时一事的权宜之计，而是州委、州政府认真分析研究本州的实际状况，展望州外、全国和国际环境，根据全国、全省的统一部署和世界发展趋势，科学制定的一项长期的、事关全州社会经济和各项事业发展以及解决现在主要矛盾的战略性举措。2003 年 2 月，州委中心组召开学习贯彻十六大精神专题研讨会，指出，要加快全州经济社会发展，必须走工业强州、旅游兴州之路。在谋求发展时，不能简单地只讲发展，而要研究怎样加快发展。黔东南州抓住了工业和旅游业，就能带动相关产业的发展。2003 年 7 月，州委中心学习组学习讨论认为，"三个代表"重要思想的核心就是要发展。黔东南州要发展，各级领导的观念必须要更新，只有改变思想观念和思维方式，才能实现跨越式发展。会议分析和研究了黔东南州当前的主要矛盾和解决的办法，提出了工业强州、旅游兴州的发展思路和对策，在举债兴州、环境保护等方面达成共识。

2003 年 12 月 4 日，凯里市被国家旅游局正式命名为"中国优秀旅游城市"。2004 年 11 月，州委、州政府印发了贯彻落实省委、省政府《关于加大力度实施西部大开发战略若干意见》的实施意见，明确提出"生态立州、农业稳州、工业强州、旅游活州、科教兴州"发展战略和"优化一产、强化二产、壮大三产"的主要措施，"旅游活州"被首次提到了全州发展的战略层面。2005 年，州委、州政府印发了《关于加快旅游大州建设的意见》，进一步明确了加快旅游大州建设的具体措施。

在实施"五州"战略的进程中，城镇建设、区域发展、产业带动以及基础设施等建设的重要性凸显。为此，2006 年，州委七届十一次全会将"城镇带州"也纳入了全州发展的战略层面。同年 12 月，在州第八次党代会上，州委、州政府进一步确立了"生态立州、农业稳州、工业强州、旅游活州、科教兴州、城镇带州"战略，确定了"凯里城市经济圈、镇远历史文化和潕阳河山水风光旅游经济圈、雷公山苗族原生态文化和自然生态旅游经济圈、黎平侗族原生态文化和三板溪湖苗族原生态文化旅游经济圈、黔东循环经济工业区"的发展框架，采取措施大力发展特色农产品、电力、电冶、森工、重晶石、建材、中药材和旅游产业，着力加快基础设施、城镇体系和生态环境建设，并将"六州"发展战略和"四圈一区"发展框架纳入了"十一五"规划。

根据中共十七大建设生态文明的新要求，2008年6月，贵州省委十届二次全会提出，要积极探索建立黔东南生态文明试验区。同年，州委把发展战略调整为实施"六州"发展战略，优化"四圈一区"发展框架，推进"八大产业、三大建设"发展重点，走生态文明崛起的科学发展道路。

2010年，贵州省委、省政府提出了"工业强省"战略，明确了走新型工业化道路的发展方向。州委、州政府结合实际，确定了"工业强州、旅游活州、城镇带州"三大发展战略重点。2011年，制定了《黔东南苗族侗族自治州国民经济和社会发展第十二个五年规划纲要》和《黔东南苗族侗族自治州"十二五"少数民族事业发展规划》，对新阶段全州经济和社会发展事业作出了近期、中期和长期远景规划。全州上下达成共识，把加快发展的强烈愿望和科学求实精神结合起来，锐意进取，扎实工作，经济社会事业呈现出快速发展的势头。

自从2000年国家开始实施西部大开发战略以后，州委、州政府根据形势的发展要求，坚持解放思想，实事求是，扩大开放，改革创新，不断深化州情认识，并在实践中逐步完善发展思路，结合每一个发展阶段实际提出发展思路，对指导和推动全州的经济社会又好又快发展起到了重要作用。

四、贯彻落实科学发展观

2003年10月，中共十六届三中全会明确提出：要"坚持以人为本，树立全面、协调、可持续的发展观"。2005年2月，中共中央总书记胡锦涛视察贵州，强调要以科学发展观统领经济社会发展全局，努力推动现代化建设又好又快发展。2月16日，中共贵州省委召开全省党员领导干部大会，学习贯彻胡锦涛同志视察贵州的重要讲话精神。

2005年10月，州委、州政府结合黔东南实际，提出了《关于实施生态立州战略的意见》，指出生态立州是立足现实、着眼未来的全新发展战略，是解决经济社会可持续发展问题的新思路、新方法、新理念。要把生态立州建设贯穿于经济和社会发展的全过程，坚持以人为本，树立全面协调可持续的科学发展观，正确处理加快发展经济与保护生态环境、眼前利益和长远利益、局部利益和全局利益的关系，统筹城乡经济社会协调发展，努力实现经济社会发展和生态环境保护的"双赢"。要处理好生态建设与林业发展、与农业发展、与工业发展、与旅游业发展的关系，生态建设与水资源保护和有效利用的关系，生态建设与改善人居环境的关系。工业要上低耗能、无污染项目，不能再走"先污染、后治理"的老路，农业要创生态标准，按照标准来发展。

2006 年 12 月 23 日至 26 日，中共黔东南州第八次代表大会在凯里召开。大会指出，今后五年，必须以科学发展观统领经济社会发展全局，牢牢抓住经济建设这个中心不动摇，按照"六州"战略和"四圈一区"发展框架，大力发展特色农产品、电力、电冶、森工、重晶石、建材、中药材、旅游八大产业，着力抓好基础设施、城镇体系、生态环境三大重点建设，奋力推进全州经济社会发展的历史性跨越。

在贯彻落实科学发展观的过程中，自治州还要不要发展工业，"工业强州"这条路该怎么走，这些问题，曾长期困扰着一些党员干部。西部大开发之初，黔东南通过招商引资，从外面引进来的主要是一批高能耗、高污染、高排放的民营企业。这些企业虽然也给地方带来了一时的 GDP 增长和财政收入的增加，但带来的问题也越来越多。2005 年国家电价上调，导致高能耗企业生产急剧下滑。加上老的国有企业产能落后、污染严重、经济效益差，生产日益艰难。在这样的大环境下，州委、州政府主要领导同志开始认识到，黔东南州工业结构、产品结构极不合理。

随着产业结构调整的深入开展，在计划经济条件下创办的有着几十年历史的凯里棉纺厂、凯里造纸厂、凯里化肥厂、凯里玻璃厂等一批黔东南州老牌国有企业，因生产经营困难、资不抵债，先后实行政策性破产，最终退出了市场竞争的舞台，数千名国有企业职工在党委政府的关怀下得到妥善安置。同时对一批污染严重的民营企业也进行了清理整顿。与此同时，通过招商引资和承接东部产业转移，一大批科技含量高、低污染、低排放、环保型、加工型等民营企业进驻各地工业园区，工业增加值大幅上升。

各级党委、政府始终把少数民族干部的培养作为兴州富民的关键性工作来抓，少数民族干部队伍不断发展壮大，年龄结构、文化结构、专业结构逐步改善，在经济文化建设和社会稳定中发挥着越来越重要的作用。民族工作部门与组织、人事、教育部门密切配合，采取在各大中专院校办民族班、预科班，实行定向招生，在录取和分配上给予照顾等办法，大量培养各民族干部和各类专门人才。2000年以后，州委先后制定了《关于进一步加强培养选拔优秀年轻干部工作的意见》《关于进一步做好培养选拔年轻干部、女干部、少数民族干部和非中共党员干部工作的意见》，明确了选拔少数民族干部的目标和措施，加强了对培养选拔工作的领导和指导，促使民族干部培养工作逐步实现制度化、经常化，全州民族干部的培养得到健康发展。至2010年底，全州中共党员发展到16万人，其中少数民族党员12.096万人，占党员总数的79%。全州公务员总数为16.736万人，其中少数民族公务员13.583万人，占比为81.2%。全州形成了一支以少数民族为主，年龄结构基本合理，文化层次较高的干部队伍。州委常委中有少数民族8人，占常委总数的66.7%；州人大常委会主任、副主任全部是少数民族；州政协主席、副主席有少数民族6人，占总数的75%；州长、副州长中，有少数民族5人，占总数的83%；16个县市常委中有少数民族120人，占总数的80%；乡镇党委书记、副书记中少数民族占总数的90.3%；乡镇长、副乡镇长中少数民族占总数的90.5%。黔东南州干部队伍已成为参与国家政治经济生活和管理本民族内部事务，带领各族人民进行改革开放和社会主义现代化建设的中坚力量。

五、巨大建设成就

实施西部大开发以来，全州上下抢抓机遇，团结拼搏，攻坚克难，经济社会事业呈现出快速发展的势头，各项工作取得突出成绩。

（一）基础设施条件显著改善

2000年8月23日，黎平机场建设项目获国家批准。2001年4月1日，黎平旅游支线机场正式开工建设。2005年9月16日，黎平机场试航成功，结束了黔东南州没有民航机场的历史。2006年9月25日，首次载客营运航班飞抵黎平机场。次日，黎平机场正式投入运营。2010年12月17日，凯里黄平机场建设项目获国家审批。该机场功能定位为贵州省旅游支线机场和黔东南州的州府机场，总投资9.8663亿元。

清水江、都柳江航电一体化不断推进，2014年，麻江站（凯里西站）500万吨铁路货场及物流园区开工建设。台江台雄、从江独洞、黎平枫树屯等一批骨干中小型水库进入规划建设。同时，建成了一批以小山塘为重点的水利基础设施。能源建设取得新突破，黔东火电厂一期、三板溪电站、卦治电站投入生产。生态建设和环境保护取得新成效，节能减排目标任务全面完成。

2001年12月30日，总投资15.6亿元的贵州省第一条高速公路——凯（里）麻（江）高速公路全线通车，全州以公路为重点的交通基础设施建设实现历史性跨越。2001年12月30日，沪昆高速的凯（里）玉（屏）高速公路开工建设仪式举行。凯玉高速公路全长134.43公里，总投资45亿元，工程分两期完成。2003年6月12日，凯里至三穗段（87.226公里）开工建设，2006年10月29日建成通车。2003年8月25日，三穗至玉屏段（47.214公里）开工建设，2006年3月20日建成通车。它与已建成的凯里至麻江高速公路相连，全长133.328公里。从此，黔东南州境内高速公路贯穿东西。2011年，州内已有11个县（市）通高速公路，基本实现了乡乡通油路、村村通公路。全州公路通车里程达7153公里，其中高速公路343公里。

三板溪水电站是国家"十五"重点能源建设项目、西部大开发重点工程，位于贵州省锦屏县内，主体工程于2002年7月正式开工，2006年7月建成投产，总投资65亿元。该工程是沅江干流清水江下游最大的水电建设工程，总装机容量100万千瓦，安装4台25万千瓦混流式水轮发电机组，年发电量24.28亿千瓦时，而且坝址形成了80平方公里的辽阔水域，为发展水上旅游创造了条件。

贵（阳）广（州）高速铁路于2008年10月13日动工建设，2014年12月26日全线通车运营。贵广高速铁路北起贵阳北站、南至广州南站，线路全长857公里，客运站点23个。厦（门）蓉（成都）高速公路是西南腹地通往东南沿海地区的主要出海通道，黔东南段途经黎平、从江、榕江和丹寨4县。两大工程的开工建设，对打造黔东南与发达地区的快速通道，合理配置资源，加速自治州与珠三角地区产业转移和人员交往，促进地区经济与社会的快速发展具有重要意义。

（二）民族民间文化保护、传承和开发成效显著

一是积极组织并成功举办各类民族节庆活动，对办节给予政策性指导和一定资金扶持。2003年7月，举办"黔东南首届百佳绣娘"大赛活动。2007年7月，举办首届"中国·贵州·凯里原生态民族文化艺术节"。2007年9月，民族歌曲"醉

苗乡"荣获中宣部"五个一工程"入选作品奖。2009年9月，被誉为"天籁之音""掠过古梦边缘的旋律"的黔东南侗族大歌入选联合国"人类非物质文化遗产代表性名录"，成为全世界人民共同享有和保护的"一个民族的声音，一种人类的文化"。2011年春节联欢晚会上，黔东南州歌舞节目《天蓝蓝》深受全国观众的喜爱。

二是实施"四个一百"工程。自2006年以来，黔东南州在开展民族文化遗产保护工作中，先后实施了"四个一百"工程，有效地促进了民族文化的传承。据统计，自黔东南州实施"四个一百"工程以来，共正式命名了吴玉莲、杨正平、龙二草、杨阿妮等94名民族民间优秀文化传承人；委托凯里学院每年招收100名热爱民族文化、有一定艺术素养的苗侗等少数民族学生；将雷山西江、黎平肇兴等100个具有浓厚民族文化特色、保存完整的民族村寨命名为民族文化村寨；并将黎平县地坪风雨桥、从江增冲鼓楼等有民族特色的苗侗建筑，列为文物保护单位加以保护。

三是开展民族文化进校园工作。2006年7月28日，中共黔东南州委、黔东南州人民政府下发《关于进一步加强民族工作促进经济社会发展的意见》，提出各级各类学校要结合当地和本校实际，把民族民间文化引进学校，引进课堂，促进本州民族文化事业和文化产业的发展。2007年12月7日，中共黔东南州委召开全委扩大会，通过《关于认真学习贯彻党的十七大精神 进一步开创全州改革开放和社会主义现代化建设新局面的意见》，明确提出，要坚持原生态民族文化与教育培训相结合，实施原生态民族文化进课堂工程，继续抓好民族双语教学，开设民族文化课程，多形式培养新一代传人，发展壮大原生态民族文化人才队伍。根据这两个文件，黔东南州进一步加强民族文化进课堂，全州有15个县市500多所中小学开展了民族文化进课堂，有50所学校被列为"贵州省民族文化进课堂重点学校"。到2008年底，有雷山、黎平两县完成并出版了民族文化进课堂教材，台江县完成苗族木鼓舞课间操的改编，丹寨县完成苗族锦鸡舞课间操的改编。2009年，督促、指导丹寨"锦鸡操"、凯里鸭塘"苗拳"、雷山二中"苗族舞蹈操"、麻江下司中学"独竹漂、刽龙舟"、台江城关二小"反排木鼓操"、镇远尚寨中学"土家唢呐"、榕江民中"独竹漂"等进校园，将民族团结教育工作纳入民族文化进校园工作一起抓。至2010年，全州县市和学校自行编印试行的民族民间文化教材达30余本（种）。至2010年，全州有2339所中小学校开展民族文化进校园工作，开办了歌舞班、民间工艺班等。

四是组织发掘、编创制作系列原生态及黔东南歌曲传唱宣传，形成以侗族大歌、侗族琵琶歌、侗族婚俗歌、侗族酒歌、苗族飞歌、苗族游方歌、苗族古歌、苗族酒歌等为主题的系列歌曲，知名的歌曲有《黔东南的七月》《飞向苗乡侗寨》《天歌神韵》《心向黔东南》《让你醉在黔东南》《布谷催春》《锦鸡闹春》《蝉之歌》等，涌现出阿幼朵、陈珠珠、杨胜美、尚重琵琶歌队、车江侗歌队、蝶朵组合、蝉之歌组合等众多知名歌手及组合。

五是开发民族传统体育项目，组织参赛实现历史性突破。组队代表贵州参加全国少数民族传统体育运动会获得好成绩，第八届民运会获金牌14枚，仅麻江下司、镇远男女龙舟队就获得9枚金牌，3枚银牌，突破了省历史记录。第九届民运会获得竞赛项目奖项28个，5个表演两个获一等奖，三个获二等奖，为贵州代表团夺取民运会奖牌第一作出了突出贡献。挖掘、整理了大批优秀传统剧目和传统艺术，台江苗族反排木鼓舞、丹寨苗族锦鸡舞、剑河水鼓舞等享誉海内外。台江苗族大歌多声部情歌荣获"2004年CCTV西部民歌大赛"金奖。2009年，丹寨苗族锦鸡舞获全国传统舞蹈展演金奖，剑河水鼓舞获"第五届CCTV电视舞蹈大赛"金奖。

全州致力于民族民间文化的保护、传承和开发工作，取得了卓著成绩。2009年9月，侗族大歌被列入联合国《人类非物质文化遗产代表作名录》。2011年，在第三批国家级非物质文化遗产项目名录名单355项中，贵州省20个项目24个申报点入选，其中黔东南13个项目15个申报点入选，占贵州省入选项目的65%。至此，黔东南州共有第一、二、三、四批国家级项目名录452项72个保护点，在全国地州级名列第一位。

（三）文化旅游发展取得突破

2007年，成功地举办了"首届中国·贵州·凯里原生态民族文化艺术节"，艺术节期间，举办了"影视文化节""原生态民族歌舞民演狂欢""余秋雨——原生态的力量论坛""黔东南招商洽谈、旅游线路推介会""原生态家园摄影展""巴拉河消夏旅游节""镇远古城文化节""施秉杉木河漂流节"等系列活动。重点打造一批有影响力的景区景点，尤其是成功地打造了雷山西江、镇远古城、黎平翘街、锦屏隆里古城等一批精品景区景点。

同时，不断加强旅游公路建设，提高景区景点可进入性，完善旅游配套设施，提升服务接待能力。成功地举办了具有一定影响力的民族文化大型节庆活动，并开展了多种形式的创建、宣传活动，黔东南的知名度、美誉度不断提高。凯里、雷山、施秉、镇远等县市先后获得全国、全省"优秀旅游城市"等殊荣。

民族歌舞走向全国、走向世界，从而有力地推动了黔东南旅游业的发展。2010 年，全州接待游客 1513 万人次、旅游总收入 109.7 亿元，分别是 2005 年的 6 倍、6.3 倍。2011 年再次取得新突破，全州共接待游客 2375 万人次，旅游总收入 187 亿元。

（四）城镇化建设步伐加快

城镇化建设，以突出地方民族特色为规划着眼点，以文明、卫生、秩序为管理着力点，努力打造"宜居、宜业、宜游"的黔东南城镇，使全州城乡面貌有较大变化。2001 年 2 月，岑巩县党政机关正式搬迁至潕阳河畔的新兴，拉开了县城建设的序幕。几年中，岑巩县投入各项建设资金数亿元，建成区面积 2 平方公里，新县城由原来的几百户人家的小山村，变成了人口达 2 万多人的新型城镇。剑河县抓住国家"十五"期间重点工程三板溪水电站建设机遇，做好淹迁所涉及的县城和南加、南寨、南哨、柳川、革东 5 个集镇搬迁复建。经过几年的打造，一座具有苗侗特色的山水园林旅游城市剑河新城拔地而起。镇远、凯里、雷山、剑河、黎平等城市都各具特色，城乡面貌日新月异。全州投入城市基础设施建设资金累计达数十亿元，建成了污水处理厂、垃圾填埋处理场、城市道路等一大批基础工程，"数字黔东南"发展迅速。2011 年，全州城镇化率达到 28%，其中凯里市达 63% 以上。凯里区域中心城市辐射带动能力明显增强。

（五）开发区建设成效显著

凯里经济开发区是经贵州省人民政府正式批准成立的省级经济开发区，位于凯里市与麻江县之间，于 2000 年 7 月 23 日正式挂牌成立。2002 年 2 月，凯里经济开发区工委会和管委会建立，开发区工作正式启动。其规划性质为以工业为主，以高新技术产业为重点，以规模经营为基础，具有城市功能的综合性开发区。根据 2005 年的《贵州凯里经济开发区总体规划》，开发区总面积为 65.43 平方公里。① 经过几年的努力，开发区初具规模，产业涵盖电子、医药、冶金、食

---

① 2011 年 9 月，根据《贵州省人民政府关于凯里经济开发区调整区位的批复》（黔府函 [2011]362 号），开发区新规划的面积由原来的 65.43 平方公里扩大为 168 平方公里。

品加工、化工、建材、零部件生产、房地产等行业，在州内具有一定的辐射和带动示范作用。2003 年 7 月，亚洲最大的钡盐生产和出口基地项目在天柱县落户。

在科学发展观的指导下，黔东南州坚持以生态引领工业，走特色工业发展的新路子，先后新建了黔东循环经济工业园区、丹寨金钟开发区、洛贯产业承接区、革一工业园区、炉碧工业园区、锦屏工业园区等省级开发区。一批州、县级工业园区也在加快建设。工业园区的建设，也有力地推进了城镇化建设，带动了农村人口的脱贫致富。

（六）新农村建设加快推进

按照"生产发展，生活宽裕，乡风文明，村容整洁，管理民主"的目标要求，2006 年 5 月 22 日，州委、州政府下发了《关于推进社会主义新农村建设的实施意见》。深入开展"一户一技能"和"三进三支"活动。全州累计投入 4 亿多元开展"一事一议"村级公益事业建设，规划实施了农业"十大"产业基地，打造了 20 多个省级以上特色农产品品牌，培育了一批农业产业化经营重点龙头企业，中药材、茶叶、蓝莓等在市场上都有一定的影响力和竞争力。

2007 年，全州实现了电话、电网、电视"村村通"，3384 个行政村实现了移动电话信号覆盖率达 100%，固定电话通村率达 88%，3178 个村实现了村村通电，79 万余农户用上了电，户通电率达 93%，20 户以上自然村"村村通"广播电视工程通过验收。

（七）文化、教育、医疗卫生改革迈出实质性步伐

黔东南共有 3 所高校，其中本科高校 1 所，职业技术学院 2 所。2000 年 7 月 10 日，州委常委会议定，合并州卫校、林校、农校、财校，申办黔东南民族高等职业技术学院。2001 年 8 月，经贵州省人民政府批准、教育部备案，2002 年 5 月正式成立黔东南州民族职业技术学院，为公办全日制普通高等职业学院。2000 年 7 月，贵州无线电工业学校与贵州省电子工业职工大学合并，正式定名为贵州电子信息职业技术学院。2006 年 2 月 14 日，国家教育部正式批准黔东南民族高等师范专科学校升格为本科层次的凯里学院，为一所省州共管、以州为主管理的多学科型普通本科高校。2008 年学校整体搬迁至凯里经济开发区新校区，2010 年通过学士学位授予单位评估。

从 2001 年至 2012 年，普通高校在校生人数增长迅速。

表 4-1　普通高校在校生人数统计表

年份	2001	2002	2003	2004	2005	2006	2007	2008	2009	2010	2011	2012
在校生数	3040	4732	7408	9668	11982	13105	15711	25324	19356	21783	22930	24716

资料来源：《黔东南统计年鉴》（2018）

2001 年 2 月，贵州省人民政府批复同意建立台江古生物化石群省级自然保护区，该区是全省第一家有关地质遗迹方面的自然保护区，它是中国科学技术协会列入的全国首批 200 个科普教育基地之一。2002 年 7 月 15 日，黔东南州电视台与凯里电视台合并组建黔东南电视台，实行全员竞争上岗。州歌舞团与州苗岭艺术团合并。

与此同时，全州医疗保险制度改革也在逐步推进。到 2011 年，新农合参合率达到 98% 以上，新农合人均补助资金达到 200 元。建立了覆盖城乡的基本养老保险制度，城镇职工参保 13 万人，城镇居民参保 4.3 万人，农村居民参保 141 万人，农村社会养老保险覆盖率达到 60%。

（八）集体林权改革全面铺开

2007 年 12 月，锦屏县率先完成了省人民政府部署的集体林权制度改革试点工作。基本实现了"山有其主，主有其权，权有其责，责有其利"和"经营主体明晰，责权划分明确，利益保障严格，流转程序规范，监管服务有效"的目标。2008 年，集体林权制度主体改革已在全州全面铺开。2000 年，全州又先后实施天然林资源保护等 6 大林业重点工程。森林资源的三大指标均实现"三同步"增长。2001 年 6 月，国务院办公厅公布自治州雷公山自然保护区为国家级保护区，保护区地跨雷山、台江、剑河、榕江 4 县，面积 47300 公顷，森林覆盖率达 82.7%，是中国一个极为珍贵的物种"基因库"。2008 年，全州森林面积达 2850.7 万亩，活立木蓄积量 1.1 亿立方米，森林覆盖率 62.78%。

（九）非公有制经济快速发展

州委、州政府出台了系列实施意见，不断加大力度，推动个体私营等非公有制经济发展。2009 年 9 月，州委、州政府又出台了《关于大力推进个体私营等非公有制经济又好又快发展的实施意见》，进一步强调，要大力营造非公有制经济发展的良好环境，在思想上放心放胆，在政策上放宽放活，在工作中放手放开，力争实现到 2012 年、2015 年、2020 年非公有制经济占全州生产总值的比例分别达到 45%、50%、60%。非公有制经济逐步成为全州经济增长、改善人民生活和促进各项社会事业发展的重要推动力之一。

1999 年，全州个体工商户为 56414 户，从业人员 73597 人，注册资金 3.5 亿元；私营企业 969 户，注册资金 5.5 亿元。全年纳税 1.3 亿元，占全州财政收入的 27%。到 2009 年底，全州个体工商户达到 72955 户，从业人员 94080 人，注册资金 23.6 亿元；私营企业已发展到 5457 户，从业人员 40810 人，注册资金 55.4 亿元。当年纳税 19.4 亿元，占全州财政收入比例达 67.36%。仅上交地税一项就达 11.5 亿元，占全州地税收入比例高达 75.4%。

经过实施西部大开发战略十多年的发展，黔东南州经济实力明显增强，以能源、交通、水利为重点的基础设施条件明显改善，人民生活水平不断提高，社会保障体系框架初步建立，新型农村合作医疗普及，教育、卫生、文化、体育等社会事业协调发展，普通高等学校在校生人数从 2000 年的 2226 人增加到 2011 年的 22930 人，普通中学生从 19.58 万人增加到 27.32 万人。全州生产总值从 2000 年的 78.84 亿元增加到 2011 年的 383.63 亿元，人均生产总值 11008 元（折合 1747 美元），一二三产业结构调整为 21.1∶32.2∶46.7，财政总收入从 2000 年的 13.84 亿元增加到 2011 年的 63.14 亿元，全州城市居民人均可支配收入从 4991 元增加到 16410 元，农民人均纯收入从 1285 元增加到 3949 元，全州总体小康水平实现程度达 90%。

第五章　跨越发展时期：黔东南全面建成小康社会

改革开放特别是实施西部大开发战略以来，贵州经济社会发展取得显著成就，进入了历史上发展的最好时期。但由于自然地理等原因，贵州发展仍存在特殊困难，与全国的差距仍在拉大。进一步促进贵州经济社会又好又快发展，是加快脱贫致富步伐，实现全面建成小康社会目标的必然要求。2012年1月，国务院出台《国务院关于进一步促进贵州经济社会又好又快发展的若干意见》（简称国发2号文件），以此为契机，加快发展成为黔东南州各级党委政府的主要任务。

进入新时代以来，黔东南州深入学习贯彻习近平新时代中国特色社会主义思想和习近平总书记关于加强和改进民族工作的重要思想以及对贵州系列重要讲话和重要指示批示精神，以铸牢中华民族共同体意识为主线，以加强各民族交往交流交融为根本途径，以"中华民族一家亲，同心共筑中国梦"为总目标，紧紧围绕"弘扬民族文化·建设生态家园"的主题，深入推进全国民族团结进步示范州创建工作，谱写了黔东南各民族共同团结进步、共同繁荣发展的时代新篇章。

第一节　以同步小康工作统揽全局

黔东南州始终以同步小康为统揽，以改革开放为动力，牢牢守住发展和生态两条底线，用好生态环境和民族文化"两个宝贝"，把创建民族团结示范州作为推动黔东南州发展、解决黔东南州发展问题的重要抓手，有力促进了全州经济持续健康发展，民生不断改善，社会和谐稳定。主要措施体现在"6个抓"上。

一、抓落实，着力在贯彻党的民族政策上有新举措

成立以书记、州长为双组长的黔东南州创建全国民族团结进步示范州工作领导小组，党政主要领导亲自安排、亲自部署、亲自把关、亲自落实，统筹协调各方面力量，高位推动创建全国民族团结进步示范州工作。各县市成立相应组织机构和工作专班，制定针对性、可操作性强的实施方案，全力推进创建工作顺利开展，形成"党委领导、政府主导、州县乡村四级联创、统战民宗牵头抓总、部门各司其职、社会广泛参与"的创建工作格局。制定、修订《黔东南苗族侗族自治州自治条例》及12个单行条例，民族工作法律法规体系不断健全；出台实施《关于加快民族乡经济社会发展的意见》《关于加强和改进新形势下民族工作的实施意见》《黔东南州民族文化村寨保护条例》《关于实施民族民间文化人才培养工程的意见》《关于创建全国民族团结进步示范州　铸牢中华民族共同体意识的意见》等一系列文件，"一法两规定"和党的民族政策得到较好贯彻落实；常态化召开政府民族工作联席会议、全州民族宗教工作会议、扶持人口较少民族工作推进会等，研究部署贯彻落实民族工作重大事项，民族事务治理能力不断提升。

二、抓发展，着力在推动后发赶超上有新作为

黔东南州坚持高质量发展要求，坚定不移抓重点、补短板、强弱项，推动重点工作有力、有序、有效开展，带动经济社会发展各项工作迈上新台阶。

一是加快推进脱贫攻坚。坚持以脱贫攻坚统揽经济社会发展全局，坚持精准扶贫精准脱贫方略，全力抓好责任落实、政策落实和工作落实。大力推进脱贫攻坚"春季攻势"和"夏秋决战"，加快解决"两不愁三保障"突出问题，狠抓"五个专项治理"，夯实脱贫基础。深入推进农村产业革命，以省"12大产业"、州"特色优势产业"提质升级为重点，狠抓坝区结构调整和林下经济，着力推进农业产业快出成效、出好成效，助推脱贫攻坚战全面胜利。

二是加快经济结构调整。着力打造新型工业化、新型城镇化、农业现代化、信息化"四化同步"，工业增加值占地区生产总值的比重达到全省平均水平，农业现代化水平显著提升，工业化和信息化深度融合，新兴产业和服务业比重进一步提升。

三是加快基础设施建设。坚持网络化布局、智能化管理、一体化服务、绿色

化发展，建设州域内外通道联通、区域城乡覆盖广泛、枢纽节点功能完善、运输服务一体高效的综合交通运输体系。

四是加快形成现代工业体系。实施新兴产业突破工程，大力发展高端装备制造、新型建筑建材、节能环保、清洁能源等战略性新兴产业；做大做强特色食品、民族民间工艺品、文化创意等特色优势轻工业；改造提升传统产业，促进矿产冶金业精深加工和全产业链发展；推进实施现代服务业"十百千"工程，加快发展现代金融保险、软件和信息服务、现代物流及其他生产性服务业，构建现代服务业体系，促进服务业优质高效发展。

五是加快新型城镇化发展。坚持以人的城镇化为核心，坚持山地民族特色新型城镇化道路，按照"一核两极三轴三区"城镇化战略格局，推进实施州域城镇体系规划，加快三大区域板块建设，加快户籍人口城镇化，推进区域城乡发展一体化。

六是加快推进改革创新。全面深化行政管理体制、国有企业、市场配置要素、财税金融体制等改革，推进创新发展；抓住国家开放战略新机遇，主动融入"一带一路"和长江经济带，加快构建开放型经济新体制，不断拓展新的开放领域和空间。

三、抓示范，着力在丰富活动内容上有新载体

积极组织开展全国民族团结进步示范州创建工作"八进"活动，即进机关、进企业、进社区（村）、进乡镇、进学校、进军营、进医院、进景区，明确州直机关工委、州教育局等8个单位牵头推进创建工作，形成"抓系统、系统抓"的创建模式。着力打造出抱团发展模式、文化品牌模式、军民联创模式、特色村寨模式、嵌入式社会结构模式、"五位一体"推进模式、整乡推进模式、边界合作联创、双语服务模式等9种创建模式。推出天柱县地湖乡"促进边界和谐，共建美丽家园"、从江县人武部"推动军民融合发展、铸牢中华民族共同体意识"等一批可复制、可推广的宝贵经验，不断优化、固化、丰富创建工作载体。

四、抓文化，着力在增强文化自信上有新成效

以铸牢中华民族共同体意识为主线，坚持把弘扬民族文化作为创建全国民族团结进步示范州的"根"和"魂"，增强各族群众文化自信。

一是实施民族文化保护传承工程。健全州、县、乡、村四级民族文化保护责任体系，设立民族文化保护传承基金，加强文物保护，加大物质文化和非物质文化遗产申报力度，建立民族文化资源大数据库。着力推进民族文化教育项目学校建设，把民族文化传承教育纳入大中小学和职业教育教学内容，积极开展双语教育，壮大文化传承人队伍，着力打造民族文化进校园的国家级品牌，加大国家级和省级少数民族特色村寨申报命名和开发利用，推进中国传统村落保护工程。

二是打造国内外知名民族文化旅游目的地。加强旅游景点景区建设，加快创建镇远古城、西江千户苗寨"5A"级景区和肇兴侗寨国家旅游度假区。大力推进"旅游＋民族文化"等，打造一批具有发展潜力的民族特色村寨和传统村落，完善旅游服务配套设施，加强旅游交通、酒店客栈、村寨民宿等配套基础设施建设。发展智慧旅游，建成全州旅游产业运行监测平台，依托民族节庆和重大活动做好旅游营销推广，加强对珠三角、长三角、航班通航城市和沪昆高铁、贵广高铁、渝贵快速铁路等沿线城市开展主题营销，进一步提高黔东南旅游知名度和美誉度。强化旅游市场管理，完善景区特许经营权管理办法，规范旅游开发和景区特许经营制度，开展旅游行业"争先创优"，努力扩大黔东南民族文化的国际国内"朋友圈"，让黔东南民族文化蜚声海内外，着力通过创建活动彰显黔东南民族团结进步的文化风采。

五、抓民生，着力在各族群众获得感上有新提升

始终把保障和改善民生作为根本出发点和落脚点，坚持以民生福祉为己任。优先发展教育事业，落实好中央和省加快民族教育发展的政策措施，优化教育布局，大力发展职业教育，深化教育改革，加强教师队伍建设。完善卫生服务体系，加强卫生信息化建设，逐步提高医疗健康保障水平。千方百计促进创业就业，统筹推进文化、体育等社会事业发展，着力提升社会保障能力，让人民群众分享改革发展成果，有更多幸福感、获得感。

六、抓宣传，着力在铸牢中华民族共同体意识上有新作为

围绕铸牢中华民族共同体意识这一根本方向，加强党的民族政策学习教育，使党的民族政策、国家民族法律法规为广大干部群众所掌握，切实增强全社会贯

彻落实的自觉性和坚定性。把创建民族团结示范州工作同中华人民共和国成立70周年各项庆祝活动结合起来，以进村入户、结对帮扶、农民讲习所等各类活动为载体，深入践行守望相助理念，不断创新活动形式和内容，不断融洽民族关系，持续推动各民族交往交流交融向深层次推进。充分利用报刊、广播、电视、网络、通讯等媒体和民族团结进步宣传月、重要纪念日、法制宣传日、民族传统节日等平台，大力开展形式多样的民族团结进步主题教育和社会实践活动，深化民族团结教育"八进"活动，引导各族干部群众爱护团结、珍视团结，使"三个离不开"和"五个认同"思想深入人心。

第二节　脱贫攻坚取得全面胜利

黔东南州以脱贫攻坚统揽经济社会发展全局，以铸牢中华民族共同体意识为主线，深入贯彻落实习近平总书记关于加强和改进民族工作的重要思想和对贵州工作的系列重要讲话以及重要指示批示精神，加强党对民族工作的领导，以铸牢中华民族共同体意识为主线，以"弘扬民族文化，建设生态家园"为抓手，大力推进"旅游＋民族文化＋生态保护"，彰显黔东南州创建特色，强化思想文化引领，营造民族团结的浓厚氛围，增强各族群众"五个认同"，即对伟大祖国、中华民族、中华文化、中国共产党、中国特色社会主义的高度认同；加快经济社会发展，坚决打赢脱贫攻坚战，探索易地扶贫搬迁新模式，形成"四帮"服务和"五共"社区建设的黔东南创建品牌；推动工作重心向基层下移、资源向基层倾斜，注重创新载体、丰富内涵、拓展领域，以"八进"为主要平台，使创建工作更好地体现时代要求。黔东南州的生动实践，探索出富有民族自治地方特色的创建之路，为贵州省建设民族团结进步繁荣发展示范区作出贡献，为全国民族团结进步事业创新发展探索了宝贵经验。2019年12月9日，黔东南州被国家民委命名为"全国民族团结进步示范州"，并给予"黔东南州的生动实践，探索出富有民族自治地方特色的创建之路，为贵州省建设民族团结进步繁荣发展示范区作出贡献，为全国民族团结进步事业创新发展探索了宝贵经验"的高度评价，这是对黔东南州民族团结进步工作的肯定。脱贫攻坚战取得全面胜利，决胜全面建成小康社会取得决定性成就，交出一份人民满意、世界瞩目、可以载入史册的答卷。

一、经济实力显著增强

全州地区生产总值从 2013 年的 585.64 亿元增加到 2018 年的 1036.62 亿元，年均增长 10.7%；2018 年地区生产总值 1036.62 亿元，比上年增长 7.9%。2018 年分产业看，第一产业增加值 211.31 亿元，增长 6.8%；第二产业增加值 231.59 亿元，增长 7.0%；第三产业增加值 593.72 亿元，增长 8.7%。第一、二、三次产业增加值占地区生产总值的比重为 20.4%、22.3% 和 57.3%。在三次产业中，第一、二、三次产业对经济增长的贡献率分别为 15.8%、23.8% 和 60.4%。人均地区生产总值 29358 元，增长 7.4%。2019 年全州地区生产总值 1123.04 亿元，比上年增长 8.4%。分产业看，第一产业增加值 223.73 亿元，增长 5.7%；第二产业增加值 253.85 亿元，增长 8.1%；第三产业增加值 645.46 亿元，增长 9.5%。第一、二、三次产业增加值占地区生产总值的比重分别为 19.9%、22.6% 和 57.5%。在三次产业中，第一、二、三次产业对经济增长的贡献率分别为 14.3%、23.5% 和 62.2%。人均地区生产总值 31678 元。2020 年全州地区生产总值达到 1191.52 亿元，比上年增长 4.5%。分产业看，第一产业增加值 244.81 亿元，增长 6.3%；第二产业增加值 258.53 亿元，增长 3.3%；第三产业增加值 688.18 亿元，增长 4.4%。第一、二、三次产业增加值占地区生产总值的比重分别为 20.5%∶21.7%∶57.8%。

表 5-1　黔东南州地区生产总值统计表

单位：亿元

年份	2012	2013	2014	2015	2016	2017	2018	2019	2020
地区生产总值	495.75	585.64	701.71	711.55	939.05	972.18	1036.62	1123.04	1191.52

资料来源：《黔东南统计年鉴》（各年度）、《黔东南州国民经济和社会发展统计公报》（各年度）

2018年农林牧渔业增加值221.74亿元，比上年增长6.7%。其中，种植业增加值122.86亿元，增长8.4%；林业增加值33.43亿元，增长5.3%；畜牧业增加值49.01亿元，增长5.1%；渔业增加值6.02亿元，增长1.5%；农林牧渔服务业增加值10.44亿元，增长6.1%。全年粮食种植面积26.38万公顷，比上年下降1.3%；油菜种植面积4.80万公顷，下降1.4%；烤烟种植面积0.99万公顷，下降11.5%；蔬菜种植面积12.82万公顷，增长8.1%；药材种植面积3.92万公顷，增长24.2%；青饲料（包括绿肥）播种面积3.13万公顷，增长15.0%；年末茶园面积2.75万公顷，下降4.5%；年末果园面积5.24万公顷，增长17.1%。全年粮食总产量125.92万吨，比上年增长0.3%。主要经济作物药材、蔬菜、茶叶、园林水果产量不同程度增长，其中园林水果和药材产量增长超过20.0%。

2019年全州农林牧渔业增加值234.39亿元，比上年增长5.7%。其中，种植业增加值133.79亿元，增长8.0%；林业增加值36.13亿元，增长6.7%；畜牧业增加值47.28亿元，下降1.0%；渔业增加值6.52亿元，增长7.0%；农林牧渔服务业增加值10.66亿元，增长5.9%。全年全州粮食种植面积26.33万公顷，比上年下降0.2%；油菜种植面积4.54万公顷，下降5.8%；烤烟种植面积1.02万公顷，增长4.7%；蔬菜种植面积14.07万公顷，增长9.8%；药材种植面积4.41万公顷，增长37.6%；青饲料播种面积3.45万公顷，增长6.1%；年末茶园面积2.93万公顷，增长3.9%；年末果园面积5.42万公顷，增长3.4%。全年全州粮食总产量126.61万吨，比上年增长0.5%。烤烟、药材、蔬菜、茶叶、园林水果等主要经济作物增产，其中，药材、园林水果、蔬菜、茶叶产量分别增长28.6%、13.9%、13.4%、10.1%。棉花、油料、糖料减产。

2020年全州农林牧渔业增加值256.11亿元，比上年增长6.2%。全年全州农林牧渔业总产值427.27亿元，比上年增长6.4%。其中，种植业总产值240.82亿元，增长8.2%；林业总产值66.94亿元，增长4.0%；畜牧业总产值91.17亿元，增长3.1%；渔业总产值9.81亿元，增长10.2%。全年全州粮食种植面积402.04万亩，比上年增长1.8%；油菜种植面积115.40万亩，增长8.7%；烤烟种植面积14.74万亩，下降4.2%；蔬菜种植面积243.06万亩，增长15.1%；药材类种植面积67.05万亩，增长22.3%；年末茶园面积45.76万亩，增长1.5%；年末果园面积93.03万亩，增长14.4%。全年全州粮食总产量127.16万吨，比上年增加0.55万吨，增产0.4%。

其中，夏粮产量 16.25 万吨，增产 10.1%；秋粮产量 110.91 万吨，减产 0.8%。烤烟产量 1.66 万吨，减产 9.4%；蔬菜产量 317.55 万吨，增产 19.1%；中药材产量 19.16 万吨，增产 58.2%；茶叶产量 1.73 万吨，增产 7.3%；水果（含果用瓜）产量 68.78 万吨，增产 24.7%。

2018 年，500 万元以上固定资产投资年均增长 13.3%；2018 年全州固定资产投资（不含农户）比上年增长 8.3%。从三大产业看，第一产业投资增长 28.7%；第二产业投资下降 21.1%；第三产业投资增长 12.1%。2019 年全州 500 万元及以上固定资产投资比上年增长 4.0%。其中，第一产业投资下降 8.3%，占固定资产投资的比重为 2.1%；第二产业投资增长 34.7%，占固定资产投资的比重为 11.8%；第三产业投资增长 1.1%，占固定资产投资的比重为 86.1%。工业投资增长 34.7%，基础设施投资增长 4.4%。2020 年全州固定资产投资比上年增长 2.5%。其中第一产业投资增长 72.2%，第二产业投资增长 35.4%，第三产业投资下降 3.7%，三次产业投资占比为 3.6%：15.5%：80.9%。工业投资增长 35.4%，基础设施投资下降 8.4%。

社会消费品零售总额从 2013 年的 203.55 亿元增加到 2018 年的 330.47 亿元，年均增长 10.2%。2018 年社会消费品零售总额 330.47 亿元，比上年增长 7.9%。分行业看，批发业零售额 63.16 亿元，增长 13.6%；零售业零售额 231.71 亿元，增长 5.9%；住宿业零售额 3.24 亿元，增长 6.9%；餐饮业零售额 32.36 亿元，增长 11.9%。分区域看，城镇消费品零售额 251.72 亿元，增长 7.9%；乡村消费品零售额 78.75 亿元，增长 7.8%。2019 年社会消费品零售总额比上年增长 3.2%。分行业看，批发业零售额增长 1.7%，零售业零售额增长 1.8%，住宿业零售额增长 14.9%，餐饮业零售额增长 11.9%。分区域看，城镇消费品零售额增长 3.2%，乡村消费品零售额增长 3.0%。2020 年社会消费品零售总额比上年增长 2.5%。分行业看，批发业零售额增长 4.3%，零售业零售额增长 3.7%，住宿业零售额下降 10.3%，餐饮业零售额下降 6.7%。分区域看，城镇消费品零售额增长 2.5%，乡村消费品零售额增长 2.5%。

2018 年外贸进出口总额 7651 万美元，比上年增长 40.4%。其中出口 7646 万美元，进口 5 万美元。全州批准外商投资项目 10 个，合同外资金额 9292 万美元，下降 79.8%；实际利用外资总额 10537 万美元，下降 67.1%。其中合同外资到位金额 9481 万美元，外债到位金额 1056 万美元。2019 年外贸进出口总额 11792 万美元，比上年增长 54.1%。其中，出口 11413 万美元，进口 379 万美元。全州新设立备案外资企业 6 家，合同外资金额 9348 万美元，实际利用外资总额 5488 万美元，增长 17.2%。2020 年外贸进出口总额 9720 万美元，比上年下降 17.6%。其中出口 9440 万美元，进口 280 万美元。实际利用外资总额 24167 万美元，增长 340.4%。新设立备案外资企业 12 家，合同外资金额 2617.74 万美元。

民营经济增加值从 2013 年的 304.76 亿元增加到 2018 年的 530.26 亿元，年均增长 14.8%。其中第一产业 131.82 亿元，第二产业 155.19 亿元，第三产业 243.25 亿元。一般公共预算支出从 2013 年的 278.94 亿元到 2018 年的 403.78 亿元，年均增长 7.7%。

金融机构贷款人民币各项存款余额从 2013 年的 519.59 亿元增加到 2018 年的 1269.86 亿元，年均增长 19.6%。2018 年末全部金融机构人民币各项存款余额 1477.02 亿元，比上年下降 2.0%。其中住户存款余额 938.03 亿元，增长 11.6%；各项贷款余额 1269.86 亿元，增长 14.4%。2019 年各项存款余额 1462.70 亿元，比上年下降 1.0%。其中住户存款余额 999.85 亿元，增长 6.6%；各项贷款余额 1439.49 亿元，增长 13.4%。2020 年住户存款余额为 1572.98 亿元，比上年增长 7.5%。其中住户存款余额 1095.49 亿元，增长 9.6%；各项贷款余额 1599.55 亿元，增长 11.1%。

人民群众收入大幅提高，城镇居民人均可支配收入从 2013 年的 18944 元增加到 2018 年的 30130 元，年均增长 9.7%。2018 年城镇居民人均可支配收入 30130 元，比上年增长 8.9%；人均生活消费支出 17118 元，比上年增加 1284 元，增长 8.1%。农村居民人均可支配收入 9227 元，增长 10.0%；人均生活消费支出 7831 元，比上年增加 736 元，增长 10.4%。2019 年人均可支配收入 32752 元，比上年增长 8.7%；2020 年人均可支配收入 34520 元，比上年增长 5.4%。农村居民人均可支配收入从 2013 年的 5352 元增加到 2018 年的 9227 元，年均增长 11.5%。农村居民人均可支配收入 10233 元，增长 10.9%。2020 年全州农村居民人均可支配收入 11082 元，增长 8.3%。

黔东南州在全国 30 个自治州中的各项排名稳步上升，经济总量从 2013 年的第 11 位升至 2018 年的第 8 位。2018 年财政一般性预算收入 66.38 亿元，在 30

个自治州中居于第 11 位。城镇居民人均可支配收入 31130 元，在 30 个自治州中居于第 18 位；农民居民人均可支配收入 9227 元，在 30 个自治州中居于第 19 位。

二、脱贫攻坚战取得全面胜利

打赢脱贫攻坚战是实现中国全面建成小康社会目标的重大任务。党的十八届五中全会从实现全面建成小康社会奋斗目标出发，把"扶贫攻坚"改成"脱贫攻坚"，明确了新时代脱贫攻坚的目标，到 2020 年实现"两个确保"：确保农村贫困人口实现全部脱贫，确保贫困县全部脱贫摘帽。

根据《中国农村扶贫开发纲要（2011—2020）》中"两不愁、三保障"的总体目标和黔东南州"十二五"期末农民人均纯收入达 6000 元以上，全州贫困人口在 2010 年基础上减少一半，力争实现 6 个扶贫开发工作重点县和 77 个贫困乡镇减贫摘帽的目标任务，按照州委、州政府"两步走、三批次"的安排部署，因地制宜推进扶贫攻坚。按照贵州省扶贫开发工作"摘帽不摘政策"的减贫摘帽激励机制，黔东南州大力开展扶贫开发工作重点县和重点乡镇的减贫摘帽工作。2014 年实现施秉、三穗、麻江、岑巩 4 县以及湾水镇、龙场镇等 57 个贫困乡镇减贫摘帽，2015 年实现台江、雷山、天柱 3 县以及 44 个贫困乡镇减贫摘帽。到 2015 年末，全州"十二五"期间减少贫困人口 86.18 万人，年均减少贫困人口 21.55 万，贫困发生率下降到 20.91%，降低 21.2 个百分点，实现了贫困人口减少一半的目标。

全州各族人民在以习近平同志为核心的党中央坚强领导下，脱贫攻坚力度之大、规模之广、影响之深前所未有。经过几年的努力，脱贫攻坚取得决定性进展，全州贫困人口由 2013 年的 167 万人下降到 2018 年的 28.6 万人，全州实现减贫 156.41 万人，13 个贫困县摘帽，贫困发生率从 30.1% 下降至 1.19%；累计实施易地扶贫搬迁 7.24 万户 30.81 万人，完成 155 个贫困乡镇减贫摘帽，959 个贫困村出列。40 个人口较少民族聚居村中，20 个聚居村已经通过省级小康评估验收。

在决战脱贫攻坚的关键时期，2018 年，黔东南州以"产业选择""培训农民""技术服务""资金筹措""组织方式""产销对接""利益联接""基层党建"八要素推动农村产业革命，以精准打好"农村公路组组通""易地扶贫搬迁""产业扶贫""教育医疗住房三保障"四场硬仗，决战脱贫攻坚，大力实施乡村振兴，持续激发农村发展活力，不断开创农村改革发展新局面。

图 5-1　2016-2020 年黔东南州农村建档立卡贫困人口及贫困发生率统计表

　　2019 年全州财政扶贫项目 5001 个，财政扶贫资金 49.87 亿元，其中中央 21.59 亿元、省级 17.43 亿元、州级 2.57 亿元、县级 8.28 亿元。通过开展"春季攻势""夏秋决战""冬季充电"等脱贫攻坚行动，年末全州建档立卡贫困人口 4.86 万人，全年减少贫困人口 23.53 万人，贫困人口下降到 4.86 万人，凯里、丹寨、麻江、施秉、镇远、雷山 7 县市建档立卡贫困人口全部脱贫，全州贫困发生率从 7% 下降到 1.19%。到 2019 年 11 月，黄平、岑巩、天柱、锦屏、剑河、台江和黎平 7 个贫困县摘帽，退出贫困县序列。至此，全州 15 个贫困县已实现摘帽 13 个。完成 824 个贫困村出列，其中深度贫困村 621 个，贫困村下降到 70 个，其中深度贫困村 65 个。2020 年全年全州财政扶贫项目 2630 个，财政扶贫资金 29.40 亿元，全年减少贫困人口 4.91 万人，70 个贫困村出列。2020 年 11 月，从江、榕江两个深度贫困县攻克深度贫困堡垒，宣布退出贫困县序列，实现减贫摘帽且剩余贫困人口全部清零。截至 2020 年底，全州累计实现 130.19 万贫困人口脱贫（含建档立卡动态管理新增），1853 个贫困村脱贫出列，15 个贫困县脱贫摘帽，这标志着黔东南与贵州省一道在消除区域性整体贫困战役中取得决定性胜利。

三、基础设施日臻完善

通过公路、水路、铁路、民航四位一体的交通基础设施建设，全州交通条件显著改善，干支结合、四通八达的交通运输网络基本形成。随着交通条件的巨大改善，全州已成为贵州省乃至西南地区南下"两广"、东进"两湖"，连接长三角、融入珠三角的"桥头堡"。

全州交通基础设施建设取得了历史性突破，2012年2月8日凯里黄平机场开工建设，2013年5月23日校飞成功，2013年7月16日试飞成功，2013年10月2日凯里黄平机场正式通航并投入运营，实现了黔东南州有2个机场的历史。凯里黄平机场航站楼面积3500平方米，站坪设3个机位；跑道长2600米，宽45米；可满足年旅客吞吐量20万人次、货邮吞吐量800吨、飞机起降2381架次的使用需求。2015年，黎平机场改扩建工程进入前期准备工作。2020年5月18日，黎平机场总体规划（2020年版）获中国民用航空西南地区管理局和贵州省发展和改革委员会联合批复。

表5-2 黎平机场运行信息统计表

年份	旅客吞吐量（人次）	增速（%）	货邮吞吐量（吨）	增速（%）	飞机起降（架次）	增速（%）
2014	52156	/	33.0	/	1292	/
2015	49049	-6.0	21.0	-36.6	1350	4.5
2016	47358	-3.4	0.9	-95.9	1310	-3.0
2017	93382	97.2	11.7	1266.0	2250	71.8
2018	50747	-45.7	1.8	-84.6	1128	-49.9
2019	20064	-60.5	0.0	-100.0	3651	223.7
2020	37670	87.7	/	/	4407	20.7

表5-3 凯里黄平机场运行信息统计表

年份	旅客吞吐量（人次）	增速（%）	货邮吞吐量（吨）	增速（%）	飞机起降（架次）	增速（%）
2014	52156	/	33.0	/	1292	/
2015	49049	-6.0	21.0	-36.6	1350	4.5

年份	旅客吞吐量（人次）	增速（%）	货邮吞吐量（吨）	增速（%）	飞机起降（架次）	增速（%）
2016	47358	-3.4	0.9	-95.9	1310	-3.0
2017	93382	97.2	11.7	1266.0	2250	71.8
2018	50747	-45.7	1.8	-84.6	1128	-49.9
2019	20064	-60.5	0.0	-100.0	3651	223.7
2020	37670	87.7	/	/	4407	20.7

州内有 2 条高速铁路，一是贵广高铁，自贵阳北站起，终点广州南站，2014 年 12 月 26 日通车运行。作为中国西北、西南地区南下出海的快捷通道，贵广高铁是重要的交通动脉，州内设有榕江站和从江站。二是沪昆高速铁路，简称沪昆高铁，又名沪昆客运专线，是一条连接上海市与云南省昆明市的高速铁路，2015 年 6 月 18 日沪昆高速铁路贵州东段（新晃至贵阳段）正式开通运营。2016 年 12 月 28 日，沪昆高速铁路贵昆段正式开通运营，标志着沪昆高速铁路全线正式通车。沪昆高铁在州内设有凯里南站、三穗站。

高铁和 320 国道、321 国道、黔桂铁路、沪昆铁路（原湘黔铁路）、G60 沪昆高速公路、G75 厦蓉高速公路一起，共同构建起黔东南州以公路、铁路和航空为主，水路交通为辅的现代立体交通网络。黔东南州基本形成以凯里为核心交通枢纽的北上、南下、东出、西进的立体化现代交通运输体系，进入了交通引领经济社会发展的时代。

2018 年底，全州公路总里程 29625 公里，其中高速公路 890 公里，国道 1467 公里，省道 2732 公里，县道 5116 公里，乡道 6727 公里，村道 12693 公里。全年公路货物周转量 248.1 亿吨公里，比上年下降 4.7%；旅客周转量 124.4 亿人公里，下降 22.2%。按照公路技术等级划分，高速公路 890 公里、一级公路 221 公里、二级公路 1160 公里、三级公路 641 公里、四级公路 19813 公里、等外级公路 6900 公里。公路密度达到 97.7 公里／百平方公里，全州实现 3509 个建制村通油路，建制村通油路率达 100%，全州行政村通客运班车率达 100%。2019 年末全州公路总里程 29804 公里，其中，高速公路 1014 公里，国道 1453 公里，省道 2730 公里，县道 5140 公里，乡道 6717 公里，村道 12750 公里。实现 3509 个建制村通油路，建制村通油路率 100%，全州行政村通客运班车率达100%。创建镇远县为"四好农村路"省级示范县。截止 2020 年末，全州公路总里程 30055 公里，其中，高速公路 1114 公里，国道 1452 公里，省道 2720 公里，县道 5178 公里，乡道 6808 公里，村道 12783 公里。按照公路技术等级划分，高速公路 1114 公里、一级公路 239 公里、二级公路 1402 公里、三级公路 579 公里、四级公路 22516 公里、等外级公路 4205 公里。公路密度达到 99.07 公里 / 百平方公里，建制村通油路率达 100%，全州行政村通客运班车率达 100%。全州实现县县通高速、乡乡通油路、组组通公路，142 个乡镇实现了半小时内上高速，全州行政村通客运班车率达 100%。

图 5-2 清水江旁海航电枢纽工程图

航电枢纽工程兼具航运、发电、防洪、灌溉、给水以及旅游等多种功能，为黔东南州出省水运通道建设奠定了坚实基础，对打通融入大湾区水运通道，以航道建设疏通经济动脉具有十分重要的意义。建设都柳江从江、大融、朗洞、温寨4级和清水江旁海、平寨2级航电枢纽工程。凯里清水江旁海航电枢纽工程于2014年11月获贵州省发改委批复立项，于2016年8月正式开工建设，预计2022年建成。建成白市库区四级航道50公里，改写了黔东南州无高等级航道的历史。都柳江从江航电枢纽工程于2012年获贵州省发改委批复立项，2018年5月都柳江从江航电枢纽工程首台机组发电，填补了全省航电枢纽工程的空白，改写了黔东南州无高等级航道的历史。

水利建设取得重大进展，城乡供水覆盖率达95%，共解决233.75万农村人口饮水安全问题。能源信息基础设施加快完善，电力总装机容量达到365.6万千瓦，互联网出州带宽1070Gbps，行政村通宽带比例达100%，30户以上村寨4G网络覆盖率达99.13%。

四、产业转型质效双升

按照贵州省委关于"来一场振兴农村经济的深刻的产业革命"的要求，扎实推进农村产业革命，重点发展了食用菌、茶叶、蓝莓、中药材、油茶等12大特色优势产业。截至2018年底，全州农林牧渔业总产值从2012年的161.97亿元增加到2018年的359.27亿元，农林牧渔业增加值达到221.74亿元，全州粮经比为32:68。全州粮食种植面积达385.7万亩，总产量从建州时的66万吨提高至2018年的125.9万吨。建成林下经济示范基地82个，推动绿色优质农产品扩量提质。启动"苗侗山珍"区域公用品牌创建工作，2018年新增无公害产品认证证书112个、有机产品认证证书187张，"三品一标"认证总数达1583个，雷山银球茶、"玉梦"牌红酸汤（糟辣椒）等农产品获得了贵州名牌产品称号，从江香猪及其肉制品、从江椪柑等14个产品获得了国家级地理标志保护登记。蔬菜远销港澳市场，茶叶畅销全国市场，太子参种植面积和产量占到全国的半壁江山。2019年全州农林牧渔业增加值234.39亿元，比上年增长5.7%。其中，种植业增加值133.79亿元，增长8.0%；林业增加值36.13亿元，增长6.7%；畜牧业增加值47.28亿元，下降1.0%；渔业增加值6.52亿元，增长7.0%；农林牧渔服务业增加值 10.66 亿元，增长 5.9%。2020 年全州农林牧渔业总产值 427.27 亿元，比上年增长 6.4%。其中，种植业总产值 240.82 亿元，增长 8.2%；林业总产值 66.94 亿元，增长 4.0%；畜牧业总产值 91.17 亿元，增长 3.1%；渔业总产值 9.81 亿元，增长 10.2%。

工业产业不断转型升级。持之以恒实施工业强州战略，摆脱了长期以来单靠木材加工的"木头财政"，按照"一圈两区"空间规划布局，建成 10 个省级经济开发区、15 个工业园区，工业产业门类增加到 26 个，培育形成了特色食品加工、医药制造、民族民间工艺品、电子信息制造等一批产业集群，产城互动格局初步形成。2018 年，全州园区规模工业总产值占全部规模以上工业总产值的比重达 73.7%。落实省打造十大千亿级产业决策部署，培育形成了先进装备制造产业、大数据电子信息产业、生态特色食品加工产业、民族民间工艺品产业等十大产业。2018 年冶金、建材等七大支柱行业合计占全州规模以上工业增加值比重达到 87.3%。电力总装机容量达到 368 万千瓦，发电量 94.4 亿千瓦时。加快推动大数据战略行动，黔东南"一园三中心"（即凯里大数据产业园、呼叫中心、数据中心和制造中心）产业集聚效果已初显，推出了"通村村"、台江农户之家、锦屏互联网医共体、智慧消防等一批大数据特色应用。工业发展提质增效，2018 年，围绕特色装备、电子信息等领域引进优强企业 203 家，工业增值税完成 14.1 亿元。2018 年全部工业增加值比上年增长 9.0%。其中规模以上工业增加值增长 9.0%。在规模以上工业中，国有企业增加值增长 44.4%；外商及港澳台商投资企业增加值增长 22.5%。分轻重工业看，轻工业增加值下降 23.5%，占规模以上工业增加值的比重为 10.4%；重工业增加值增长 15.5%，占规模以上工业增加值的比重为 89.6%。分行业看，全州 28 个行业中 13 个实现增长，其中占全州比重最大的三个行业保持较快增长，支撑全州工业经济快速增长。电力、热力生产和供应业增加值占全州规上工业增加值的 29.4%，比上年增长 13.2%；非金属矿物质制品业占全州规上工业增加值的 23.5%，增长 17.2%；有色金属冶炼和压延加工业增加值占全州规上工业增加值的 17.8%，增长 79.7%。这三个行业在全州一直占据主导地位，合计增加值占全州的 70.7%，对全州的贡献作用显著，其贡献率高达 302.9%，拉动工业经济增长 27.3 个百分点。全州规模以上工业企业全年实现主营业务收入 258.71 亿元，比上年增长 13.8%；实现利税总额 22.71

亿元，增长22.7%。2019年全部工业增加值比上年增长6.2%。其中，规模以上工业增加值增长5.0%。在规模以上工业中，分经济类型看，国有企业增加值增长105.6%；其他经济类型企业增加值增长12.3%。分轻重工业看，轻工业增加值增长14.7%；重工业增加值增长3.8%。分行业看，全州28个行业大类中19个实现正增长，其中，电力、热力生产和供应业增加值增长11.6%；非金属矿采选业增加值增长46.5%；化学原料和化学制品制造业增加值增长39.8%。全年规模以上工业企业主营业务收入241.6亿元，利税总额17.0亿元。2020年全部工业增加值140.07亿元，比上年增长2.8%。规模以上工业增加值增长4.1%。在规模以上工业中，分经济类型看，国有企业增加值增长4.9%；集体企业增加值增长59.6%；股份制企业增加值增长6.0%。分门类看，采矿业下降16.9%，制造业增长4.1%，电力、热力、燃气及水生产和供应业增长6.5%。分轻重工业看，轻工业增加值增长17.6%；重工业增加值增长2.5%。分行业看，全州29个行业大类中15个实现正增长，其中农副食品加工业增加值比上年增长14.1%；纺织业增加值增长215.0%；黑色金属冶炼和压延加工业增加值增长48.0%；化学原料和化学制品制造业增加值增长1.3%；计算机、通信和其他电子设备制造业增加值增长6.5%。全年规模以上工业企业主营业务收入261.13亿元，利税总额23.13亿元。

现代服务业快速发展。大健康产业发展风生水起，黔东南列入全国首批15个国家中医药健康旅游示范区创建单位、凯里市荣膺最美中国"大众休闲·健康养生旅游城市"，雷公山国家森林公园等康养基地获评国家级森林康养基地试点建设单位。现代物流业加快发展，全州现有71家许可民营快递企业、203家备案分支机构、407家末端备案网点，覆盖全州16个县（市）及所有乡镇。信息服务业高速发展，全州2117个行政村实现通光纤宽带和4G网络全覆盖，重要旅游景区、景点和境内高铁、高速基本实现信号全覆盖。电子商务蓬勃发展，累计建成1610个农村电商综合服务站点，实现国家级电子商务进农村综合示范县全覆盖，2019年上半年全州网络零售同比增长39.74%。全州现有14个现代服务业发展集聚区，入驻服务业企业3970户，带动从业人员2.9万人。全州中心县城服务功能显著增强，服务业增加值占地区生产总值的比重由1956年的15%提高到2019年上半年的57.6%，对全州经济增长的贡献率达到67.4%。服务业质量不断提升，成功承办十三届贵州旅游产业发展大会，全州接待游客总人次、旅游总收入分别同比增长 31% 和 36%，国家级电子商务进农村综合示范县全覆盖，"黔货出山"销售额同比增长 12%。

五、生态建设水平持续提升

全面推行州、县、乡、村四级"河长制"，集中式饮用水源地水质和"两江一河"出境断面水质达标率 100%。建成生态环保数据公共服务平台，全州水土流失治理、石漠化治理、营造林和退耕还林工程扎实推进，2019 年石漠化治理 52 平方公里，水土流失 169 平方公里，完成营造林 51.69 万亩。[①] 2019 年全州森林覆盖率达 67.67%，居全省第一位。

生态环境质量持续向好。2019 年，全州城市（县城）环境空气质量优良天数比例为 98.8%，污染物浓度均达到《环境空气质量标准》（GB3095—2012）二级标准；环境空气质量综合指数为 2.24，同比降低 4.7%，丹寨、镇远等 7 县进入全省 88 个县（市、区）空气质量排名前十位，较上年新增 1 个县；凯里市环境空气质量在全省中心城市排名第五位，较上年提升 1 个位次。2019 年，黔东南州水环境质量继续保持全省第一位，其中 30 个地表水检测断面水质优良比例达 100%，集中式饮用水源地水质达标率保持 100%。

全州县市环境空气质量优良天数比例为 98.7%，全州生态环境质量指数居全省第 1 位。全州已被列入全国生态文明示范工程试点和全国 30 个国际特色旅游目的地、国家全域旅游示范区创建试点。

六、民生福祉稳步提高

2013—2018 年，累计完成城镇新增就业 41.4 万人，失业人员再就业 6.4 万人，就业困难人员实现就业 4.5 万人，登记失业率均控制在 4.2% 以内。扶持自主创业 3.9 万人，带动就业 11.1 万人。2013—2018 年，累计保障城乡低保对象 386.3

---

① 黔东南年鉴编纂委员会：《黔东南年鉴 2020》，69 页，贵阳，贵州人民出版社，2020。几组数据略有出入，在《政府工作报告》中，石漠化治理 50 平方公里，水土流失 176 平方公里，完成营造林 41 万亩，详见《黔东南年鉴 2020》第 362 页。而在黔东南州统计局的《2019 年国民经济与社会发展统计公报》中则记载为：造林面积 3.46 万公顷，治理水土流失面积 176.57 平方公里，石漠化综合治理面积 62 平方公里，详见《黔东南年鉴 2020》389—390 页。

万人，保障特困人员 7.95 万人，医疗救助累计 399.4 万人次。城乡居民、城镇职工养老保险和医疗保险制度基本覆盖，城乡低保平均标准分别提高到每月 582 元和每年 3887 元。2020 年末全州参加城镇职工基本养老保险人数 39.08 万人，比上年末增加 2.14 万人。参加城乡居民基本养老保险人数 228.04 万人，增加 3.19 万人。参加失业保险人数 13.25 万人，增加 1.57 万人，2020 年末全州领取失业保险金人数 0.17 万人。参加工伤保险人数 36.30 万人，增加 6.26 万人，其中参加工伤保险的农民工 3.98 万人，增加 1.02 万人。2020 年末参加基本医疗保险人数 451.85 万人，比上年增加 6.60 万人。其中，参加职工基本医疗保险人数 31.21 万人，增加 1.22 万人；参加城乡居民基本医疗保险人数 420.64 万人，增加 5.38 万人。参加生育保险人数 22.54 万人，增加 1.21 万人。全州开展医疗救助 14.45 万人次，累计医疗救助金 1.25 亿元，比上年多救助 2.01 万人，多支出医疗救助金 0.05 亿元。2020 年末全州共有 7.6 万人享受城市最低生活保障，26.8 万人享受农村最低生活保障，全年累计发放城乡低保资金 10.72 亿元。

推进民族地区教育事业蓬勃发展。截至 2019 年末，全州拥有高等教育学校 3 所。其中，本科院校 1 所，招生 3084 人，在校学生 11463 人，毕业生 2752 人；高等专科学校 2 所，招生 8212 人，在校学生 26346 人，毕业生 7816 人。中等职业技术学校 26 所，招生 13520 人，在校学生 42318 人（其中非全日制在校学生 5923 人），毕（结）业生 13448 人；普通高中 44 所，招生 33864 人，在校学生 101339 人，毕业生 34240 人。初级中学 157 所，九年一贯制学校 12 所，在校学生 176984 人。全州学前三年毛入园率、义务教育巩固率、高中阶段毛入学率、高等教育毛入学率分别为 90.1%、94.6%、91.5%、42.9%。小学 674 所，教学点 726 个，在校学生 391012 人。小学入学率 99.67%。幼儿园 1564 所（其中民办幼儿园 594 所），在园幼儿 165822 人。全年脱贫再教育 16259 人。全州普通高考录取本科生 18424 人，录取专科生 23800 人，中职单报高职录取专科生 5371 人。义务教育阶段学校学生免杂费覆盖率 100%，免除教科书覆盖率 100%。

医疗卫生服务能力显著提升，全州 16 个县（市）县级综合医院实现"二甲"全覆盖，32 所乡镇卫生院被国家卫生健康委评为"群众满意的乡镇卫生院"。建成州、县、乡、村四级公共卫生服务体系，新农合参合率 99.6%。全州 58 家定点医疗机构实现全国联网，建成深度贫困村规范化卫生室 1025 个。2018 年全州拥有卫生医疗机构 3866 个。其中医院 119 个，乡镇卫生院（含社区卫生服务中心、站）217 个，妇幼保健院（所、站）17 个，疾病预防控制中心 17 个，卫生监督所 17 所，医学科学研究机构 1 个，门诊部 3 个，诊所（卫生所、医务室）331 个，村卫生室 3132 个，采供血机构 3 个，其他卫生机构 9 个。全州实有医院病床 27204 张，卫生技术人员 26297 人。其中执业医师 6088 人，执业助理医师 2401 人，注册护士 10765 人，药师（士）1012 人，检验师 1065 人。2020 年全州拥有卫生机构 3909 个。其中医院 116 个，乡镇卫生院（含社区卫生服务中心）223 个，妇幼保健院（所、站）17 个，疾病预防控制中心 17 个，卫生监督所 17 所，医学科学研究机构 1 个，门诊部 4 个，诊所（卫生所、医务室）409 个，村卫生室 3092 个，采供血机构 3 个，其他卫生机构 10 个。全州实有医院病床 27509 张，卫生技术人员 28939 人。其中执业医师 6602 人，执业助理医师 2558 人，注册护士 12300 人，药师（士）1123 人，技师（士）1949 人。

多彩贵州"广电云"实现村村通，建成州、县、乡、村四级公共文化设施，各族群众精神文化生活日益丰富，基本公共服务能力明显增强，各族群众的获得感和满意度不断提升。

七、民族文化繁荣发展

围绕打造"中国苗侗风情国际旅游目的地"和"国内外知名民族文化旅游目的地"目标，守住发展和生态两条底线，用好民族文化和生态环境"两个宝贝"，外拓市场，内提服务，全力推动全州民族文化创造性传承创新性发展。承办 2018 年央视春晚黔东南分会场，一场集聚民族文化元素，充分展示黔东南改革发展成果和人民群众幸福感的晚会，增强了全州各民族群众对本民族文化价值的认同，深化了对中华文化是各民族文化集大成的认识。发起并连续举办了 4 届中国传统村落峰会，推动了国家级黔东南州民族文化生态保护实验区建设，推动了民族文化生态保护工作的科学化、法制化、规范化、数字化和网络化管理，多彩黔东南特色文化建设硕果累累。

积极推进少数民族特色村寨村镇、传统村落、自然遗产和非物质文化遗产申报工作，已获命名少数民族特色村寨 308 个，其中国家级 94 个，省级 214 个，数量居全省各市州首位。全州共有 409 个传统村落，数量居全省各市州首位。

2012 年 12 月由文化部批复设立 "黔东南民族文化生态保护实验区"，是全国现有 23 个国家级文化生态保护实验区之一，实验区是一个以保护非物质文化遗产为核心，对黔东南民族文化及其自然和人文环境进行整体性保护，维护文化生态系统的平衡和完整，增强人民群众保护非物质文化遗产的文化自觉，促进经济社会全面协调可持续发展而设立的特定区域。侗族大歌被列为人类非物质文化遗产代表作名录。2014 年 6 月，在卡塔尔多哈召开的第 38 届世界遗产大会通过了以贵州施秉云台山等为代表的中国南方喀斯特第二期世界自然遗产的申请，云台山成为贵州省第三个世界自然遗产。

2019 年 6 月，贵州省人民政府公布第五批省级非物质文化遗产代表性项目名录，全省 224 项 315 处，黔东南州入选 52 项 64 处，位列全省第一。其中新增项 26 项 27 处，占全省新增项的 17%，扩展项 26 项 37 处，占全省扩展项的 36%。2019 年 6 月，第五批中国传统村落名录公布，贵州省有 179 个村落入选，黔东南州有 45 个村落入选。2021 年 6 月，在第五批国家级非物质文化遗产代表性项目名录评选中，黔东南州共计 6 个项目上榜，其中苗族古瓢舞①、嘎百福②、凯里酸汤鱼制作技艺新入选国家级非物质文化遗产代表性项目，砚台制作技艺（思州石砚制作技艺）、苗医药（骨髓骨伤药膏）、元宵节（苗族舞龙嘘花习俗）入选国家级非物质文化遗产代表性项目名录扩展项目。至此，黔东南州共有国家级非物质文化遗产代表性项目 56 项 78 处，位居全国同级州市前列。

"民族文化+"新业态愈加壮大，《云上绣娘》等大型电视连续剧、《银秀》《仰欧桑》《守望》等一批精品剧目、"原生态黔东南"云平台数据库、《我们的家园——黔东南传统村落》《黔东南世居少数民族文化丛书》等文创、演艺、影视、图书等一批文化产业蓬勃成长，建成凯里民族文化创意产业园，组织编制民族节庆与旅游产业融合发展专项规划工作，促进民族文化保护传承与旅游产业发展有机结合。苗族歌舞剧《巫卡调恰》参加全国第五届少数民族文艺汇演并分别获最佳导演奖、最佳交响音乐奖；拍摄《侗族大歌》等一批本土题材电影，其中《侗族大歌》荣获第 49 届休斯敦国际电影节雷米金奖最佳艺术指导奖和评审团特别雷米金奖

---

① 苗族古瓢舞流行于贵州省丹寨县雅灰乡境内的苗族村寨，多在春秋两季或节日举行，男古瓢手拉古瓢在前跳，女性排成 "一" 字形逆时针方向翩翩起舞。
② 嘎百福，又称 "嘎别福" 或 "嘎福歌"，是苗族民间说唱文学的一种，流行于贵州黔东南苗族地区。特点是韵散结合，散文部分讲述故事，韵文部分五言押调。韵文不限句数，根据内容，可多可少。

最佳导演奖两项大奖；《仰欧桑》《云上绣娘》《银·秀》等一批文化精品获得国际国内大奖，黔东南肇兴景区在央视《魅力中国城》竞演中一举夺魁，多姿多彩的民族文化已成为黔东南走出贵州、走出国门、走向世界的一张靓丽名片，"中国聚宝盆·大美黔东南"知名度、美誉度和影响力不断提升。在贵州省2019年文化产业"三个一工程"项目命名中，全省共20家文化产业示范村、特色文化产品和优秀演出团获批命名，黔东南州获得命名项目总数5个，列全省州市第一位。其中，从江县高增乡小黄村、黎平县双江镇黄岗村、丹寨县南皋乡石桥村被命名为文化产业示范村；"蝴蝶妈妈"系列苗绣产品——施秉县舞水云台旅游商品开发有限公司产品被命名为特色文化产品；贵州飞歌文化演艺有限责任公司（凯里市）被命名为优秀演出团。

推动民族文化与旅游相互促进相得益彰，依托"原生的民族文化、原始的自然生态、原貌的历史遗存"三大旅游资源优势，形成了以"一城（镇远古城）两寨（西江苗寨、肇兴侗寨）"为核心的旅游产品布局和精品旅游线。全州有国家4A级景区14个，3A级景区42个，整州列入全国30个国际特色旅游目的地、国家全域旅游示范区创建单位。2018年全州接待旅游总人数10807.59万人次，比上年增长15.6%，其中接待国内旅游者10802.95万人次，增长15.6%；入境游客4.64万人次，增长11.1%，其中港、澳、台同胞2.62万人次，外国人2.02万人次。旅游总收入937.23亿元，增长20.5%。全州有风景名胜区9个，其中国家级3个，省级6个，风景区总面积2331.93平方公里，约占全州国土面积7.7%。2019年，黔东南州被国家旅游局列为创建中国苗侗风情国际旅游目的地（全国30个，贵州唯一）；雷山县、镇远县、黎平县被列为首批创建"国家全域旅游示范区"；以州为单位，被国家旅游局列为第二批创建"国家全域旅游示范区"；被国家民委授予中国·黔东南民族文化旅游示范区称号，入选中国民族文化旅游十佳目的地；被国家旅游局和国家中医药管理局列为首批15个国家中医药健康示范区创建单位。2019年全年接待旅游总人数12892.98万人次，比上年增长19.3%，其中接待国内旅游者12888.25万人次，比上年增长19.3%；接待入境旅游者4.73万人次，比上年增长2.0%，其中港、澳、台同胞2.65万人次，外国人2.08万人次。旅游总收入1212.13亿元，比上年增长29.3%。2020年，受新冠疫情影响，全年接待旅游总人数8526.61万人次，比上年下降33.9%，其中接待国内旅游者

8525.90 万人次，下降 33.9%；接待入境旅游者 0.71 万人次，下降 85.0%，其中港、澳、台同胞 0.35 万人次，外国人 0.36 万人次。旅游总收入 719.76 亿元，比上年下降 40.6%。

大力实施民族文化"四个一百"工程和"十个一"工程，在民族文化保护传承发展路径上构建了黔东南特色的有效载体，大力开展少数民族传统体育项目挖掘整理。2013 年 2 月，从江侗族吃相思、丹寨望会节、锦屏隆里古城元宵龙灯会、凯里甘囊香芦笙会、雷山苗族芦笙节、镇远古城元宵龙灯会 6 个民俗文化项目入选文化部"春节文化特色地区申报"工作。2013 年 11 月，台江县"苗族独木龙舟"、黎平"侗族摔跤"入选国家体育局体育非物质文化遗产保护与推广项目名录。2018 年，在"贵州省第九届少数民族传统体育运动会"取得了一等奖和奖牌总数均第一的优异成绩；2019 年在郑州举行的全国第十一届少数民族传统体育运动会上，贵州代表团黔东南州代表队共斩获了 30 个一、二、三等奖，一等奖数和奖牌总数分别占贵州代表团的 48% 和 31%，为贵州争了光，为黔东南添了彩。开办"双语电视""双语广播""双语宣讲""双语法庭""双语诉讼""双语导诊"等，推动形成了文化繁荣、团结和谐的创建格局。

八、民族团结进步创建工作成果丰硕

通过开展多渠道、全方位、灵活多样的创建活动，进一步铸牢中华民族共同体意识。培育了一大批民族团结进步的示范和先进典型，全州受国务院表彰的民族团结进步模范集体 25 个、民族团结进步模范个人 26 名。全州已创建全国、省级和州级民族团结进步示范单位 247 个，其中凯里、麻江、黎平被命名为全国民族团结进步创建示范县市，锦屏县隆里乡华寨村、黎平二中被命名为全国民族团结进步创建示范单位，三穗、从江、雷山、台江、剑河被命名为全省民族团结进步创建示范县，施秉县甘溪乡望城村、九黎苗妹工艺品有限公司等 162 家单位被命名为省级民族团结进步创建示范单位，岑巩县新兴中学等州级民族团结进步创建示范单位 449 个，先后荣获民族团结进步模范集体表彰 391 个，其中全国模范集体 29 个，全省模范集体 132 个。荣获民族团结进步模范个人表彰 888 名，全国模范集体 30 名，全省模范集体 160 个。初步形成了以点串线、以线连片、以片带面的示范创建格局。全州被命名为全省民族团结进步示范州，涌现了天柱县地湖乡"促进边界和谐、共建美丽家园"、从江县人武部"推动军民融合发展"等一批创建示范的经验。

在易地移民搬迁创建工作中，形成了"帮助引导群众搬迁、帮助融入城镇生活、帮助实现就业创业、帮助解决实际困难"的"四帮"服务和各民族群众"平等交往、包容互动共居；相互欣赏、取长补短共学；协调配合、同向同力共事；生活多彩、成果共享共乐；人人参与、感恩奋进共建"的五共社区建设的黔东南创建品牌。全州民族团结和睦指数实现程度提升到99.86%，截至2020年底，全年无一例涉及民族因素的重大矛盾纠纷事件。

到2020年10月，黔东南州榕江县、从江县综合贫困发生率、漏评率、错退率、群众认可度均达到贫困县退出标准，与全省、全国一道同步建成全面小康社会，实现经济社会发展历史性跨越目标。至此，全州所有贫困县全部退出贫困县序列，与全国人民一起告别千百年来的绝对贫困，实现全面建成小康社会的梦想。

参考文献

1. 明实录 . 台北：台湾"中央研究院"史语所校印本，1962.

2. 清实录 . 北京：中华书局影印本，1986.

3. （明）宋濂 . 元史 . 北京：中华书局，1976.

4. 张廷玉，等 . 明史 . 北京：中华书局，1974.

5. 赵尔巽 . 清史稿 . 北京：中华书局，1976.

6. （明）沈庠 .（弘治）贵州图经新志 // 中国地方志集成·贵州府县志辑（第 1 册）. 成都：巴蜀书社，2006 年影印本 .

7. （清）鄂尔泰，等修，靖道谟，杜诠纂 .（乾隆）贵州通志 // 中国地方志集成·贵州府县志辑（第 4 册）. 成都：巴蜀书社，2006 年影印本 .

8. （清）爱必达，张凤孙，等修撰：（乾隆）黔南识略 // 中国地方志集成·贵州府县志辑（第 5 册）. 成都：巴蜀书社，2006 年影印本 .

9.（清）俞渭修，陈瑜纂 .（光绪）黎平府志 // 中国地方志集成·贵州府县志辑（第 18 册）. 成都：巴蜀书社，2006 年影印本 .

10. （清）胡章 .（乾隆）清江志 // 中国地方志集成·贵州府县志辑（第 22 册）. 成都：巴蜀书社，2006 年影印本 .

11. （清）蔡宗建 .（乾隆）镇远府志 . 郑州：中州古籍出版社，1996.

12. 黎平县志编纂委员会办公室校注 . 道光黎平府志（点校本）. 北京：方志出版社，2014.

13. 贵州省文史馆校勘 .（民国）贵州通志·前事志 . 贵阳：贵州人民出版社，1988.

14. 黔东南苗族侗族自治州地方志编纂委员会 . 黔东南苗族侗族自治州志（1985—2010）. 北京：方志出版社，2014.

15. 黔东南苗族侗族自治州地方志编纂委员会 . 黔东南州志·民族志 . 贵阳：

贵州人民出版社，2000.

16.黔东南苗族侗族自治州地方志编纂委员会.黔东南州志·政权志（政府分册）.贵阳：贵州人民出版社，2002.

17.黔东南州统计局，国家统计局黔东南调查队.黔东南统计年鉴（2016）.

18.黔东南州统计局，国家统计局黔东南调查队.黔东南统计年鉴（2017）.

19.黔东南州统计局，国家统计局黔东南调查队.黔东南统计年鉴（2018）.

20.黔东南州统计局，国家统计局黔东南调查队.黔东南统计年鉴（2019）.

21.黔东南州非物质文化遗产保护中心，粟周榕.黔东南非物质文化遗产年鉴（2005—2014）.贵阳：贵州民族出版社，2016.

22.贵州省凯里市地方志编纂委员会.凯里市志.北京：方志出版社，1998.

23.贵州施秉县地方志编纂委员会.施秉县志.北京：方志出版社，1997.

24.贵州省天柱县志编纂委员会.天柱县志.贵阳：贵州人民出版社，1993.

25.黄平县地方志编纂委员会.黄平县志.贵阳：贵州人民出版社，1993.

26.丹寨县地方志编纂委员会.丹寨县志.北京：方志出版社，1999.

27.贵州省雷山县志编纂委员会.雷山县志.贵阳：贵州人民出版社，1992.

28.贵州省台江县志编纂委员会.台江县志.贵阳：贵州人民出版社，1994.

29.全国政协文史和学习委员会、贵州省政协文史与学习委员会.苗族百年实录.北京：中国文史出版社，2015.

30.黔东南建州纪实编辑委员会.黔东南建州纪实.贵阳：贵州民族出版社，2005.

31.《黔东南苗族侗族自治州概况》修订本编写组.黔东南苗族侗族自治州概况.北京：民族出版社，2008.

32.中共黔东南自治州党史研究室，黔东南自治州人大常委会民族委员会，黔东南自治州民族宗教事务委员会.党的民族政策在黔东南的实践.贵阳：贵州民族出版社，2006.

33.中共黔东南州委党史研究室.中国共产党黔东南州简史.北京：中共党史出版社，2013.

34.刘绍卫.中国共产党领导广西民族团结进步60年.南宁：广西人民出版社，2013.

后 记

　　根据贵州省级重点学科（民族学）和贵州省区域内一流建设培育学科（民族学）的建设需要，结合黔东南苗族侗族自治州的实际，凯里学院组织《黔东南山乡巨变丛书》专项编撰工作，本书就是"黔东南山乡巨变·总论篇"（项目号：GHZYMXDZ0001）的最终成果。

　　本书全面展示中华人民共和国成立70多年来黔东南苗族侗族自治州各族人民在中国共产党领导下，政治、经济、文化、教育、交通等各个领域所取得的历史性成就，发生的历史性变革。本书总结了在中国共产党领导下黔东南州各民族取得的伟大成就，有利于增强文化认同、坚定文化自信，为铸牢中华民族共同体意识提供黔东南经验。本书的编写得到黔东南州委党史研究室、州民委、州志办、州统计局等单位的大力支持，特别感谢州委党史研究室原副主任莫新华、州民族研究所所长田维扬无私提供许多资料，没有他们的支持和帮助，本书是不可能完成的。

　　当然，我们不得不清醒地意识到，本书主要是记录黔东南州经济社会发展的各个方面，研究的广度和深度以及理论上的研究还有待提高，学术性有待进一步加强，加之编著者的水平有限，存在的不足和疏漏也就在所难免，恳请各位专家学者批评指正。

编　者

2022 年 10 月